MARCO POLO

Oberbayern

Reisen mit Insider Tipps

Diesen Reiseführer schrieb Wilhelm Rupprecht. Die Überarbeitung und Erweiterung besorgte Bernt Lusteck, Journalist aus München.

www.marcopolo.de
Infos zu den beliebtesten Reisezielen im Internet, siehe auch Seite 96

SYMBOLE

 MARCO POLO INSIDER-TIPPS:
Von unseren Autoren für Sie entdeckt

 MARCO POLO HIGHLIGHTS:
Alles, was Sie in Oberbayern kennen sollten

 **HIER HABEN SIE EINE SCHÖNE AUSSICHT**

 **WO SIE JUNGE LEUTE TREFFEN**

PREISKATEGORIEN

Hotels
€€€ über 110 Euro
€€ 80–110 Euro
€ bis 80 Euro

Restaurants
€€€ über 15 Euro
€€ 10–15 Euro
€ bis 10 Euro

Die Preise gelten für ein Doppelzimmer mit Frühstück in der Hauptsaison.

Die Preise gelten für ein Hauptgericht ohne Getränke.

KARTEN

[102 A1] Seitenzahlen und Koordinaten für den Reiseatlas Oberbayern

Karten zu Garmisch-Partenkirchen, Rosenheim und Berchtesgaden finden Sie im hinteren Umschlag.

Zu Ihrer Orientierung sind auch die Orte mit Koordinaten versehen, die nicht im Reiseatlas eingetragen sind.

GUT ZU WISSEN

Oberbayerische Spezialitäten **20** · Witze und Wutzeln **31**
G'stanzl **37** · Lüftlmalerei **51** · Es war ein Schütz ... **64**

INHALT

DIE BESTEN MARCO POLO INSIDER-TIPPS	vorderer Umschlag
DIE WICHTIGSTEN MARCO POLO HIGHLIGHTS	4
AUFTAKT	7
Entdecken Sie Oberbayern!	
Geschichtstabelle	8
STICHWORTE	13
Vom Bier bis zum Zwiefachen	
ESSEN & TRINKEN	19
Herzstück ist der Schweinsbraten	
EINKAUFEN	23
Trachtenmoden und Handwerkskunst	
FESTE, EVENTS UND MEHR	24
STARNBERGER FÜNF-SEEN-LAND	27
Seen und Moränenhügel	
ZUGSPITZREGION	41
Wo die Zugspitze spitze ist	
RUND UM DEN TEGERNSEE	55
Oberbayerisches Herzland	
DER CHIEMGAU	69
Hier dreht sich alles um den Chiemsee	
BERCHTESGADENER LAND	77
Gezähmte Wildnis	
AUSFLÜGE & TOUREN	81
Harmonie von Natur und Kultur	
SPORT & AKTIVITÄTEN	87
Berge, Wälder und Seen	
MIT KINDERN REISEN	91
Spaß für die ganze Familie	
ANGESAGT!	94
PRAKTISCHE HINWEISE	95
Von Anreise bis Wetter	
REISEATLAS OBERBAYERN	99
KARTENLEGENDE REISEATLAS	101
MARCO POLO PROGRAMM	117
REGISTER	118
IMPRESSUM	119
BLOSS NICHT!	120

Die wichtigsten
Marco Polo Highlights

Sehenswürdigkeiten, Orte und Erlebnisse, die Sie nicht verpassen sollten

 Andechs
Feine Symbiose aus Wallfahrtsort und Bierseligkeit (Seite 29)

 Buchheimmuseum der Phantasie
Eine Museumsschifffahrtslinie fährt von Starnberg nach Bernried zur weltweit einzigartigen Sammlung expressionistischer Malerei (Seite 36)

 Osterseen
Eiszeiten früherer Jahrtausende ließen Moorseen zurück, die mit ihrem fast überirdischen Farbenspiel nicht von dieser Welt zu sein scheinen (Seite 38)

 Zugspitze
Traumhafte Aussichten von Deutschlands höchstem Berg (Seite 44)

 Mittenwald
Ob in der Geigenbauschule oder beim Instrumentenbauer: Die Türen stehen Ihnen im weltberühmten Geigenbauerdorf überall offen (Seite 45)

 Freilichtmuseum Glentleiten
Über 50 alte Bauernhäuser und Handwerksstätten in einmaliger Hügellandschaft über dem Kochelsee (Seite 47)

 Oberammergau
Oberammergau ist auch ohne Passionsspiele einen Besuch wert (Seite 48)

Die Osterseen: reizvolle Hochmoorlandschaft mit 21 Seen und Weilern

Panoramablick vom Zugspitzgipfel

 Wieskirche
Sie ist und bleibt die Schönste im Land: die Wieskirche bei Steingaden (Seite 53)

 Herzogstand-Heimgarten
Auf schmalem Grat unterwegs zwischen zwei beliebten Ausflugsbergen (Seite 60)

 Schlierseer Bauerntheater
Bayerische Theatertradition und Geschichte niveauvoll verpackt (Seite 63)

 Herzogliches Bräustüberl
Hier am Tegernsee finden Sie noch das alte Oberbayern Ludwig Thomas (Seite 65)

 Herrenchiemsee
Auf König Ludwigs Spuren zwischen Herrscherschloss und Lustgarten (Seite 72)

 Königssee
Natur genießen und frische Fische schlemmen mitten in Deutschlands größtem Nationalpark (Seite 79)

Wallfahrtsort: Kloster Andechs

 Radwanderung auf den Spuren des »Blauen Reiters«
Expressionistische Künstler und die von ihnen gemalte Landschaft zwischen Murnau und Kochel mit dem Rad entdecken (Seite 84)

 Blombergbahn
Langsam hinauf und schnell hinunter: gigantischer Sommerrodelspaß auf heißen Rollen vom Blomberg ins Tal bei Bad Tölz (Seite 89)

★ *Die Highlights sind in der Karte auf dem hinteren Umschlag eingetragen*

AUFTAKT

Entdecken Sie Oberbayern!

Naturparadies, herzlich-gastfreundliche Einheimische, Kirchen, Klöster und Kultur

Ob er aber über Oberbayern ...?
Über Oberbayern fahren viele Urlauber in Richtung Süden. Doch noch mehr bleiben in Oberbayern, in der beliebtesten Urlaubsregion Deutschlands vor den Alpen. Dieses Prädikat stellen Statistiker alljährlich neu aus.

Ja, Oberbayern ist das Bergland, Bierland und Benediktinerland, das Schlösser- und Seenland, das Klöster- und Kulturland, Oberbayern ist aber viel mehr – und weiß Gott nicht nur »weiß-blau« wie die Fahne des Freistaates oder der Himmel über den Bergen, Wäldern, Seen und Ansiedlungen: traditionsbewusst und hypermodern, klischeebeladen und überraschend unverfälscht, behäbig und trotzdem am Puls der schnelllebigen Zeit. Beweise gefällig?

Die Oberbayern sind ein wenig schwäbisch im Westen, altbayerisch in ihrer Seele und ein wenig österreichisch kurz vor Salzburg. Sie stehen zu Hightech genauso wie zur zeitlupenlangsamen Entwicklung, von der Schneewüste der Eiszeit bis hin zur Kulturlandschaft. Fleißige Bauernhände haben über Jahrhun-

»Treu dem guten alten Brauch« – farbenfrohes Trachtenfest

derte auch zwischen Starnberg, Schongau, Garmisch-Partenkirchen und Tegernsee Natur und Landschaft geformt. Entstanden ist ein bunter, lebhaft gemusterter Fleckerlteppich mit goldgelben Getreidefeldern, dunkelgrünen Wäldern, hellgrünen Wiesen, durchsetzt und eingerahmt von dunstig blauen Seen und Bergen. Als schmelzende Gletscher am Ende der letzten Eiszeit vor gut 12 000 Jahren hügelige Moränenlandschaft, Bergregionen und Talsenken freigaben, war die Geburtsstunde für eine paradiesische Region vor den Alpen da.

Die Oberbayern von heute feiern ein internationales Reggaefestival am Chiemsee genauso enthusiastisch wie ihre traditionellen Trachten-, Blaskapellen- und Gebirgsschützenfeste am Kochelsee,

Ein Juwel des späten Rokoko: die Wallfahrtskirche Maria Kunterweg in Ramsau

Geschichtstabelle

800–700 v. Chr. Das Gebiet zwischen Alpen und Main wird von keltischen Stämmen besiedelt

15 v. Chr. Die Römer besetzen das Gebiet nördlich der Alpen bis zur Donau

5.–6. Jh. In das von den Römern aufgegebene Voralpenland wandern die Bajuwaren ein und gründen ein Stammesherzogtum durch die Agilolfinger (554)

788 Karl der Große verbannt Herzog Tassilo III. in ein Kloster

1158 Gründung der Stadt München durch Heinrich den Löwen

Ab 1180 Wittelsbacher Herzöge regieren das Land

1255–1504 Drei große Landesteilungen (in Herzogtümer Ober-, Niederbayern und Pfalz); nach der Wiedervereinigung wird München gemeinsam Haupt- und Residenzstadt. »Perlen« wie das Berchtesgadener und das Werdenfelser Land bleiben in kirchlichem Besitz

1517/1550 Beginn der Reformation durch Luther; 1550 folgt die Gegenreformation, Bayern wird wieder ganz katholisch

1630 Die Schweden erobern München und verwüsten große Teile des Landes (Dreißigjähriger Krieg), den Pestepidemien fallen zwei Drittel der Bevölkerung zum Opfer

18. Jh. Das große Zeitalter des bayerischen Barocks und Rokokos

1704 Besetzung des Oberlandes durch österreichische Truppen (Spanischer Erbfolgekrieg)

1705 Die Bauern erheben sich gegen die Besatzung (Sendlinger Mordweihnacht)

1803 Beginn der Säkularisation in Bayern, zahlreiche Klöster werden enteignet und aufgelöst

1825–48 Regierungszeit König Ludwigs I. (bauliche Neugestaltung Münchens)

1864–86 Regierungszeit König Ludwigs II. (Bauherr der Königsschlösser)

1918 Abdankung des letzten Wittelsbacher-Königs (Ludwig III.)

1949 Der Freistaat Bayern konstituiert sich

1998 Österreich schließt sich dem Schengener Abkommen an: Die Grenzen zwischen Oberbayern, Salzburg und Tirol fallen

2004 Der Galeriekatamaran MS Starnberg für bis zu 600 Gäste wird neues Flaggschiff auf dem Starnberger See

2005 Am 19. April wird Josef Alois Ratzinger aus Marktl am Inn in Rom zum neuen Papst gewählt

AUFTAKT

König Ludwigs II. Lustschloss à la française: Linderhof

in Bad Tölz oder in Mittenwald – und sie stehen dazu. Sie essen gerne Köstlichkeiten aus heimischer Landwirtschaft und Küche, sie trinken gerne süffiges, weltbekanntes Bier. Und sie stehen mit selbstironischem Augenzwinkern auch zu den klischeehaften Bildern, die sich Urlaubsgäste seit jeher von den Einheimischen machen: als aufgeschlossene Gastgeber voller Lebensfreude, kernig-konservativ und bodenständig-schlitzohrig. »Der Gamsbartseppl fensterlt beim strammen Dirndl mit offenherzigem Mieder.« Drollige, einfältige, irgendwie vom Aussterben bedrohte Lebewesen – zu besichtigen im zoologischen Biergarten beim Maßkrugstemmen. Aber irgendwann werden auch Urlauber von der Realität eingeholt.

Oberbayern ist als größter Regierungsbezirk Deutschlands mit fast 18 000 km² größer als mancher UN-Staat und bietet auch im Norden mit Städten wie Neuburg an der Donau und Ingolstadt hohe urbane Lebensqualität. Touristisches »Filetstückchen« ist aber unbestritten die voralpine Region südlich Münchens, und damit Inhalt dieses Führers. Deutschlandweit einmalig ist das gigantische Gebirgspanorama vom Watzmann bei Berchtesgaden im Osten bis hin zu den Ammergauer Bergen im Westen – eine mächtige und erhabene Naturkulisse, ein Paradies für Extrembergsteiger, Mountainbiker und Wanderer. Und vor dieser Wucht aus schroffen Felsen, hell- und dunkelgrün bewaldeten Berghügeln und lieblichen Hochalmen breitet sich die gesamte Pracht oberbayerischer Landschaftsvielfalt aus. Zum Beispiel der Chiemsee für die Segler.

> *Touristisches Filetstückchen: die voralpine Region südlich Münchens*

Der Tegernsee, liebevoll-lästerlich der »Lago di Bonzo« genannt, für die gut betuchten Wellnessfreunde, der Walchensee für die Surfer und der Staffelsee für Inselhüpfer. Ganz zu schweigen von Starnberger und Ammersee mit ihren schier unerschöpflichen Freizeitangeboten.

Ein viel verwobenes Fernwander- und Radwegenetz öffnet alle Möglichkeiten für Naturabenteuer in lieblicher Hügellandschaft, in tiefdunklen, fast undurchdringlichen Waldgebieten und in der Kulturlandschaft zwischen kleinen Weilern, lieblichen Dörfern und einigen stattlichen, lebendigen Städten wie Rosenheim, Schongau, Wasserburg oder Weilheim. Ihre historischen Stadtkerne, teilweise zu Fußgängerzonen umfunktioniert, laden gleichermaßen zum geschichtsorientierten Rundgang wie zum Flanieren im bunten Trubel und Treiben in den lebendigen Geschäftsstraßen ein.

Was wäre kulturell aus Oberbayern ohne Klöster wie Wessobrunn, Benediktbeuern, Andechs, Ettal, Polling oder Tegernsee geworden? Die über 1200-jährige Geschichte ist seit den ersten Klostergründungen eng verbunden mit dem noch heute existenten Schatz der weltberühmten Stuckateure, Baumeister und Kirchenmaler. Klosterbibliothekare und Kirchenmusiker früherer Jahrhunderte haben den Grundstein für weltbekannte Literatur und Orchesterwerke gelegt, wie Orffs »Carmina Burana«, die kompositorisch und musikalisch genial umgesetzte Sammlung der »bäuerlichen Lieder« des ehedem mittelalterlichen Klosters Benediktbeuern. Im Kloster Wessobrunn bei Weilheim fand sich das wohl älteste Gedicht in deutscher Sprache: das »Wessobrunner« Gebet aus dem Jahr 800. Schlösser wie Linderhof, Nymphenburg oder Herrenchiemsee ergänzen das architektonische Oberbayernbild der weltbekannten Kloster- und Kirchenbauten wie Rottenbuch oder Wieskirche. Zugegeben, mit dem Klischee, lange von Monarchen regiert worden zu sein, leben die Oberbayern gut und gerne, und der Märchenkönig Ludwig II. hat längst sein erfolgreiches Musical beim Schloss Neuschwanstein, von Gästen ebenso gerne besucht wie von Einheimischen.

»Laptop und Lederhose« – ein geflügeltes Wort! Gerade an Fest- und Feiertagen zelebrieren die Oberbayern Tradition und Bodenständigkeit. Dann schmücken sie sich festlich mit Trachten, Dirndln, Wadlstrümpfen und Lederhosen. Sie sind dabei kein bisschen »zugeknöpft«, sondern haben den Kopf immer frei für jede zukunftsweisende Innovation. Das weltweite Interesse an Oberbayern als Standort für Firmen der Hochtechnologie hat das überaus traditionsbewusste Land vor den Bergen internationaler gemacht. Das merken Sie spätestens an der hochmodernen Architektur neuer Ansiedlungen oder aber in Küche und Keller von Spezialitätenrestaurants mit überregionalem Ansehen.

Es gibt kaum eine Region in Deutschland, ja, in Europa, in der sich durch die Jahrhunderte Künstler derart von wunderschönen Landschaften haben inspirieren lassen. Berühmte Kirchenbauer wie Dominicus Zimmermann haben die

> *Laptop und Lederhose*

AUFTAKT

Silhouetten ihrer Gotteshäuser den Umrissen naher Bergformationen angeglichen, zum Beispiel »die Wies« bei Steingaden, und expressionistische Maler wie Franz Marc, Wassily Kandinsky oder Gabriele Münter haben vor hundert Jahren die Tradition der Hinterglasmalerei im Raum der Hochmoore zwischen Kochel und Murnau umgesetzt – in einen Kunststil, der heute mehr gefragt ist denn je. Entsprechend groß ist auch der Besucherandrang im Buchheimmuseum der Phantasie in Bernried am Starnberger See, vielleicht die weltweit umfassendste expressionistische Sammlung, die unter anderem Werke der Künstlergruppe »Die Brücke« um Ernst Ludwig Kirchner beherbergt.

Wer in Oberbayern von paradiesischen Zuständen schwärmt, denkt natürlich ebenso an das Schlaraffenland der kulinarischen Schmankerl, an die regionalen Köstlichkeiten. Längst sind viele Landwirte wieder von Massentierhaltung und Überproduktion abgekommen. Viele Bauern verkaufen direkt vom Hof.

»*Schlaraffenland der kulinarischen Schmankerl*«

Aber man würde dem Land vor den Alpen Unrecht tun, die oberbayerische Küche nur mit deftigem Schweinsbraten, fettem Räucherschinken und sahnereichen Kalorienbomben gleichzusetzen. Gerade die junge oberbayerische Küche ist angenehm leicht und bekömmlich und stützt sich auf hochwertige Produkte. Je nach Jahreszeit gibt es fast überall Schrobenhausener Spargel oder eine bunte Palette an frischem Obst und Gemüse, alles was Gärten und Äcker hergeben.

Kunst und Kultur, kulinarische Köstlichkeiten, Schlösser und Seen, Natur erradeln, erwandern und erfahren im doppelten Sinn – Oberbayern lässt sich nicht allumfassend beschreiben, Oberbayern will von jedem Besucher persönlich entdeckt werden. Vor allem auch von Gästen, die moderne Trendsportarten lieben: Rafting und Canyoning in den Schluchten wilder Gebirgsflüsse, gemütliche Heißluftballonfahrten im Voralpenland oder Flüge wie Ikarus während der Schnupperkurse in zahlreichen Hanggleiter- und Fallschirmschulen.

Der Chiemsee wird auch das »Bayerische Meer« genannt

STICHWORTE

Vom Bier bis zum Zwiefachen

Ob kulinarische oder kulturelle Genüsse – von allem gibt es reichlich

Benediktinerklöster

Benediktinermönche waren die Ersten, die Oberbayern missioniert und (im schlichtesten landwirtschaftlichen Sinn) kultiviert haben. Benediktbeuern ist, angeblich von Bonifatius selbst, um 740 gegründet worden, Schäftlarn, Wessobrunn und Tegernsee folgten wenige Jahre später. 782 soll der Agilolfinger-Herzog Tassilo III. das Benediktinerinnenkloster auf der Fraueninsel im Chiemsee gegründet haben. Jahrhundertelang waren die Klöster wirtschaftliche Zentren, Bildungsstätten und Hochburgen der Kultur im Lande.

Bier

In Bayern wird nach wie vor mehr Bier gebraut und getrunken als in jedem anderen Land der Welt. Hier zu Lande gilt das ebenso berühmte wie segensreiche Reinheitsgebot des Herzogs Albrecht IV. von Niederbayern mit dem entscheidenden, viel zitierten Satz: »Ganz besonders wollen wir, dass fortan allenthalben ... zu keinem Bier mehr Stücke als allein Gerste, Hopfen und Wasser verwendet und gebraucht werden sollen!« Über 500 Jahre gilt dieses Reinheitsgebot schon in Bayern.

Der Blaue Reiter

Die berühmteste und folgenreichste deutsche Künstlervereinigung ist 1911 in München und Murnau gegründet worden: von Wassily Kandinsky, seiner zeitweiligen Lebensgefährtin Gabriele Münter und Franz Marc. Treffpunkt und Arbeitsplätze im Voralpenland waren Murnau (Russenhaus) mit dem Staffelsee und dem Moos, Sindelsdorf, Ried bei Kochel und Kochel selbst. Im Murnauer Gabriele-Münter-Haus sind Erinnerungen an die Blütezeit des Blauen Reiters zu sehen, eine Auswahl sehr schöner Bilder hängt in der Städtischen Galerie im Münchner Lenbachhaus.

Deutsche Alpenstraße

Querverbindung entlang dem nördlichen Alpenrand zwischen Bodensee und Königssee, Lindau und Berchtesgaden. Stationen an ihrem Weg sind u. a. Oberammergau, Garmisch-Partenkirchen, Rottach-Egern, Bayrischzell, Reit im Winkl, Inzell. Die Alpenstraße ist 450 km lang, aber nicht durchgehend ausgebaut. Die Teilabschnitte zwi-

Lebendiges Brauchtum:
Jedes Dorf hat seinen Maibaum

schen Wallgau und Fall sowie Bayrischzell/Tatzelwurm und Inntal sind nur auf mautpflichtigen Forststraßen befahrbar. Mit ihrem Ausbau ist aus ökologischen Gründen nicht mehr zu rechnen.

Föhn
Zugegeben, er ist kein typisch bayerischer Gegenstand. Aber in Oberbayern tritt er nachweislich öfter auf als überall sonst in Deutschland, und mehr als die Münchner leiden nur noch die Innsbrucker an diesem laut Lexikon »warmen, trockenen und böigen Fallwind an der Nordseite der Alpen«. Begleitet wird er häufig von guter Fernsicht, watteförmigen Wolken am stahlblauen Himmel und menschlichen Reaktionen, die sich zwischen schlichten Kopfschmerzen, hysterischen Nervenzusammenbrüchen, chaotischen Verhaltensweisen und Aggressivität vor allem unter Autofahrern äußern.

Ludwig Ganghofer (1855–1920)
Der ungemein fruchtbare Schriftsteller ist zwar im schwäbischen Bayern geboren, hat aber vor allem in München und Oberbayern gelebt. Seine Liebe zum Land bringt er im Roman »Die Martinsklause« zum Ausdruck: »Herr, wen du lieb hast, den lässest du fallen in dieses Land.« Die Spuren seiner Romane lassen sich quer durch das bayerische Alpenland verfolgen, vom »Herrgottsschnitzer von Oberammergau« bis zum »Klosterjäger«. Was man auch gegen seine naividealisierende Darstellung sagen mag – bei vielen Menschen nördlich der Mainlinie haben seine Romane den Wunsch, Oberbayern kennen zu lernen, erst geweckt.

Grant
Diese ungute Gemütsverfassung mag es auch anderswo geben. In Oberbayern ist der Grant elementare Grundeinstellung an Tagen, die schlecht laufen. Und obwohl der Grantler am Frühstücksei, am warmen Bier und am Sauwetter herumnörgelt, fühlt er sich in diesem misslichen Gemütszustand geradezu wohl. Wehe, irgendwer versucht, dem Grantler seine schlechte Stimmung zu nehmen...!

Isar
Mit Ausnahme ihres 15 km langen Oberlaufes im Tiroler Karwendeltal ist die Isar ein durch und durch bayerischer Fluss, speziell oberbayerisch von der Grenze bei Mittenwald bis hinter Moosburg. Gesamtlänge bis zur Mündung in die Donau bei Deggendorf: 263 km. Kelten und Römer haben sie »die Reißende« genannt; in München wird die Isar als »die Grüne« besungen.

Ihrer Natur nach ist die Isar ein ungebärdiger Alpenfluss und deshalb auch nie in nennenswertem Umfang schiffbar gewesen. Nur Flöße hat sie geduldet. Jahrhundertelang war die Flößerei mit Gütern und Personen bedeutend, vor allem zwischen Mittenwald, Tölz und München. Zeitweise gab es sogar Floßverkehr zwischen München und Wien. Mittlerweile ist die Isar weitgehend gebändigt worden, vor allem nördlich von München, und muss ihr Wasser auch zur Stromerzeugung herleihen. Das Walchensee-Kraftwerk und der Sylvensteinstausee sind die folgenreichsten Veränderungen des Isarlaufes. Als Naturreservat sind Teile des Isartales zwischen Wolfratshausen und München erhalten geblieben.

STICHWORTE

Oberbayern ist traditionell landwirtschaftlich geprägt

König Ludwig II.
Der bayerische »Märchenkönig« (1845–86) ist weltweit sicher der prominenteste Bayer, den das Land hervorgebracht hat. Diese Berühmtheit geht in erster Linie auf das Konto der »Königsschlösser«, heute die meistbesuchten Touristenattraktionen des Landes: Neuschwanstein bei Füssen (an der Grenze zwischen Schwaben/Allgäu und Oberbayern), Linderhof und Herrenchiemsee.

Maibaum
»Ein echtes bayrisch Dorf muss einen Maibaum haben ...«, lautet ein Gedicht, das früher jedes Kind im Land auswendig lernen musste. Auch wenn das heute nicht mehr der Fall ist: Der Brauch, einen Maibaum »treu dem alten Brauch« aufzustellen und auszuschmücken, ist immer noch lebendig. Und der Brauch, dass die Burschen eines Dorfes den zum Aufrichten bereitliegenden Maibaum des Nachbardorfes zu »stehlen« versuchen, wird von beiden Parteien ernster genommen als jedes Fußballspiel. Die eigentliche Tradition des Maibaumes leitet sich vom »Freiheitsbaum« ab, mit dem das bürgerliche Frankreich nach der Revolution das neu gewonnene Selbstbewusstsein demonstrieren wollte.

Menschen, Daten, Fakten
Der Regierungsbezirk dieses Namens ist mit 17 500 km² Fläche und über 3,7 Mio. Einwohnern (von ihnen etwa 1,3 Mio. Münchner) der größte unter den sieben Bezirken des Freistaates Bayern, flächenmäßig sogar größer als das Bundesland Schleswig-Holstein und mehr als halb so groß wie Nordrhein-Westfalen. Obgleich auch Landschaften und Orte nördlich von München ihre Reize haben, versteht die Mehrzahl der Besucher unter Oberbayern die seen- und

Die Stiftskirche Rottenbuch wurde im 18. Jh. im Rokokostil ausgeschmückt

moränenreiche voralpine Bilderbuchlandschaft zwischen München und der österreichischen Staatsgrenze, wo die Zugspitze (2964 m) bei Garmisch und der Watzmann (2713 m) bei Berchtesgaden die markanten Höhepunkte bilden. Dieses Oberbayern ist traditionell landwirtschaftlich geprägt, doch tragen mittlerweile auch eine expandierende, saubere Hightech-Industrie sowie vor allem ein florierender Tourismus (rund 7 Mio. Touristen jährlich) zum Wohlstand der Bevölkerung bei.

Rokoko
Alle großen Kunststile sind in Oberbayern mit guten und hervorragenden Beispielen vertreten. Doch kein Stil entspricht der Mentalität der hier ansässigen Menschen wohl so vollkommen wie das Rokoko. So gilt auch das 18. Jh. unbestritten als Höhepunkt der Kunst in München und Oberbayern. Als spielerische Weiterentwicklung des gewichtigen, international renommierten Barocks begegnet es uns im weltlich-höfischen Rahmen (Nymphenburg, Cuvilliés-Theater) wie im sakralen Bereich (Wieskirche, Dießen, Rott am Inn). Typisch sind die verschwenderische Farben- und Formenpracht, die zierliche Ornamentik, die Rocaille-Muschelformen und – in der angestrebten Wirkung – die Auflösung der räumlichen Grenzen durch Licht- und Farbeffekte.

Ludwig Thoma (1867–1921)
Fast so etwas wie der Nationaldichter der Oberbayern. Die Stationen seines Lebens verteilen sich über das ganze Land: Oberammergau, Vorderriß, Prien, Seebruck am Chiemsee, Dachau, Tegernsee, Miesbach – und natürlich immer wieder München, wo er nicht nur Jura studiert, sondern auch mit seinen Stücken die Bühnen erobert hat. In unvergleichlicher Weise verstand er es, bayerischen Bauern wie Beamten aufs Maul zu schauen und mit feinem Sprachgefühl Charaktere zu schaffen, denen man heute noch in jeder Amtsstube und an jedem Wirtshaustisch zu begegnen meint.

Trachten
Sie werden in Oberbayern noch mehr als in den anderen Regierungsbezirken des Landes getragen. In den Gebirgsdörfern und im Vor-

STICHWORTE

alpenland kann man sie sehen: beim Kirchgang, auf Hochzeiten und anderen Festen. Die Trachten der einzelnen Landschaften – Berchtesgaden und Bad Tölz, Werdenfelser Land und Tegernsee, Chiemgau und Bayrischzell – unterscheiden sich deutlich voneinander. Gemeinsam ist ihnen, dass sie wunderschön anzusehen und, zumindest die für Frauen, sehr kostspielig sind.

Watzmann

Das nach ihm benannte Massiv ist so unverkennbar einmalig, dass es zum Wahrzeichen der ganzen Landschaft geworden ist. Was wäre Berchtesgaden ohne den Watzmann – unvorstellbar! Die Sage berichtet von einem jagdbesessenen König, der wegen seiner Grausamkeit samt seiner Familie zu kaltem Fels erstarrt sei, und nun stehen sie da: der Watzmann mit der Watzmannfrau ihm gegenüber (Kleiner Watzmann) und die kleineren Spitzen der fünf Kinder zwischen den beiden. Zum vierthöchsten Berg (2713 m) auf deutschem Boden gehört die 1800 m hohe Ostwand, eine der höchsten und lange Zeit als besonders gefährlich geltenden Wände der Ostalpen. Den Versuch, sie zu durchsteigen, bezahlten bisher 86 Kletterer mit dem Leben.

»Wir sind Papst«

Das »habemus Papam« auf dem Petersplatz in Rom am 19. April 2005 hat in Oberbayern eine riesengroße Euphorie ausgelöst. Seither pilgern Zehntausende von Wallfahrer zum Geburtshaus von Josef Ratzinger nach Marktl am Inn, machen sich Einheimische und Urlauber auf die Spurensuche hin zu den früheren Wirkungsstätten von Papst Benedikt XVI. Besonders viel Zuspruch erhalten das Traunsteiner Priesterseminar, der Domberg in Freising und nicht zuletzt die Wallfahrtskirche Altötting. Der Papsttourismus treibt bereits eigenartige Blüten: Als Mitbringsel gefragt sind unter anderem »Papstbier«, »Papstbrot« oder, als Kuchen, »Ratzingerschnitten«.

Wittelsbacher

Die ursprünglich sehr machtbewusste Dynastie erhielt im Jahr 1180 von Kaiser Friedrich Barbarossa die bayerische Herzogswürde und herrschte – als Herzöge, Kurfürsten, Könige – bis zum Jahr 1918 über Bayern, wobei es einige merkwürdige Erbsprünge in der Dynastie gab, die man nicht zu genau unter die Lupe nehmen sollte. Die Wittelsbacher waren keine besseren Menschen als die Angehörigen anderer Herrscherhäuser. Doch spätestens im 18. Jh. an haben sie eine Reihe von Regenten hervorgebracht, deren herausragende Eigenschaften friedliche Gesinnung und Kunstverstand waren.

Zwiefacher

Vielfältig wie der Dialekt ist die Volksmusik in Oberbayern: Neben den traditionellen Spiel- und Tanzrhythmen wie Polka, Landler oder Boarischer ist der Zwiefacher eine überaus schwierig zu tanzende Melodienfolge: Sie wechselt sprungartig vom Zweivierteltakt in den Dreivierteltakt.

Nur wenige Kapellen beherrschen diese traditionellen Klänge einwandfrei. Nicht selten wird es manchen Gästen da schon beim Zuhören schwindelig.

ESSEN & TRINKEN

Herzstück ist der Schweinsbraten

Aber auch andere Speisen Oberbayerns sind ein Genuss – besonders wenn man es deftig liebt

Die oberbayerischen Bauern haben in den letzten Jahren umgedacht: Lange Jahre verschwanden ihre Produkte in Supermärkten und Großhandelsketten, jetzt haben sie sich wieder auf die Selbstvermarktung zurückbesonnen. Kein Dorf ist zu klein, als dass nicht ein paar Obst- und Gemüsestände zu finden wären, eingeführte exotische Früchte machen wieder heimischen Produkten Platz. Massenaufzucht von Rindern, Gänsen und Enten ist genauso verpönt wie Legebatterien und Kunstdünger. Je nachhaltiger moderne Gentechnik diskutiert wird, umso mehr züchten die oberbayerischen Bauern wieder alte Kartoffel- und Getreidesorten. In Oberbayern wächst bei Andechs das weit und breit härteste Weizenkorn heran. Große italienische Nudelhersteller importieren den Andechser Hartweizengrieß. Daher besinnen sich auch bodenständige einheimische Gastronomen auf traditionelle Nudelgerichte und Mehlspeisen aus Omas bayerischem Kochbuch. Besonders beliebt: Teigtaschen, mit Spinat gefüllt.

Traditionelles Wirtshausschild: Flötzinger Bräu in Rosenheim

Auf oberbayerischen Speisekarten bekommt die fleischlose Küche immer mehr Platz. Hatte ein Vegetariergericht in einem traditionellen Wirtshaus lange Zeit nur eine Alibifunktion, besinnen sich gerade engagierte junge Köchinnen und Köche des reichhaltigen Angebots aus heimischem Boden. Pfifferlinge, so genannte »Reherl«, und Steinpilze aus den Bergwäldern bei Oberammergau sind genauso beliebt wie »Apfelkücherl« und Birnenkompott, hergestellt aus den Früchten der Obstgärten zwischen Tegernsee und Rosenheim.

Viele Gaststätten zeigen genau auf, aus welchen regionalen Betrieben die Köstlichkeiten oberbayerischer Küche stammen.

Essen

Herzstück einer oberbayerischen Gasthausspeisekarte ist nach wie vor der Schweinsbraten – wer Schweinebraten sagt, verrät sich als unangepasster Preiß'. Aber auch Schweinsschnitzel, Schweinshaxen und Schweinswürste fehlen auf kaum einer ländlichen Speisekarte, denn das Schwein gilt nun einmal als das dem Herzen der Bayern am nächsten stehende Haustier. Doch Rindfleisch findet ebenfalls großen

Oberbayerische Spezialitäten

Lassen Sie sich diese Köstlichkeiten gut schmecken!

Speisen

Apfelkücherl – Apfelscheiben in Backteig mit Zimt und Zucker

Bratensülze – kalter Rinder- oder Schweinsbraten in Gelee

Brathendl – im Ganzen vom Grill

Brez'ngugelhupf – Brezen- und Semmelteig mit Petersilie in der Guglhupfform herausgebacken

Erbswurstsuppn – pürierte Erbsen in Wurzelsud

Fleischpflanzerl – Rinderhackbällchen in der Pfanne gebraten

G'röstl – abgebräunte Kartoffeln mit Suppenfleisch und Zwiebeln

Kaiserschmarrn – Eierpfannkuchen mit Zucker und Preiselbeeren

Kalbshaxe mit Krautsalat – knusprig gebraten mit röscher Kruste, serviert mit roh gehobeltem Kümmel-Weißkraut

Kohlrabigmias – Kohlrabi in dünne Stifte geschnitten, mit Sahne und Butter

Krautwickerl – Schweinshackfleisch in Weißkrautblättern

Lüngerl sauer – fein geschnittene Kalbslunge in Essigsud

Presssack – schwarz oder weiß, »sauer« angerichtet mit Essig, Öl und viel Zwiebeln

Reiberdatschi – Kartoffelpuffer scharf mit Zwiebeln abgebräunt

Schwammerlsuppn – heimische Waldpilze in Rinderbrühe

Semmelschmarrn – eingeweichte Semmeln in Fett ausgebraten

Waldschwammerl – Pfifferlinge mit Semmelknödel

Weißwürste mit Brezen und Senf – Kalbsbrätwürste im nicht kochenden Wasser heiß gemacht

Wurstsalat – dünn geschnittene Regensburger mit Zwiebeln, Essig und Öl

Zwetschgenknödel – Zwetschgen in Kartoffelteig

Getränke

Dunkler Bock – schweres, malziges Bier mit bis zu 7,5 % Alkohol

Kellerbier – helles Bier, ungefiltert und naturtrüb

Kracherl – Zitronenlimonade

Radlerhalbe – Mischung aus hellem Bier und Limonade

Russ'nmaß – Mischung aus Weißbier und Limonade

Weißbier – gebraut aus Hopfen, Weizen und Wasser

ESSEN & TRINKEN

Zuspruch, sei es als Tellerfleisch, das zart und bissfest sein muss und mit Meerrettich (Kren) serviert wird, als Bifflamott (kellnerinnenbayerisch für Bœuf à la mode) oder als gekochte Ochsenbrust. Die Rinderbrühe ist selbstverständlich nicht zu vergessen. Ohne eine kräftige Suppe, mit oder ohne Einlage, ist im Bayerischen eine Mahlzeit nicht vollständig.

Die beliebteste Beilage zum Fleisch ist der Knödel, vorwiegend Semmel- und Kartoffelknödel. Beide sind sehr anpassungsfähig. Und so passt ein Semmelknödel ebenso zu einem vornehmen Wildgericht wie zum einfachen Lüngerl und der Kartoffelknödel zum schlichten Schweinsbraten wie zur elitären Entenbrust.

Fisch- und Wildgerichte werden heute von fast jeder Gastwirtschaft in Oberbayern angeboten. Neben der Forelle gehört die Renke zu den verbreitetsten Fischen im Voralpenland. Seltener und entsprechend kostbarer ist der Saibling, ein Lachsfisch aus bester Familie, der sich nur in klarem, kaltem Wasser wohl fühlt. Seine bevorzugten Lebensräume in Oberbayern sind also der Königssee und der Walchensee. In den besseren Lokalen an deren Gestaden finden Sie ihn denn auch am ehesten.

Wer sich im Umkreis der großen Jagdreviere aufhält, etwa in Berchtesgadener Land, in den Chiemgauer Alpen, zwischen Schliersee und Bayrischzell, im Isarwinkel oder im Karwendelgebirge, sollte nicht versäumen, nach Wildgerichten zu fragen! Ob Rehschlegel, Hirschragout, Gamskeule oder Frischlingsrücken: Wildrezepte sind hier zu Lande oft phantasievoller als die eher einfach zubereiteten Fischgerichte. Nur bei den Beilagen tun die Küchenchefs oft des Guten zu viel.

Eine Rolle von nicht zu unterschätzender Bedeutung spielen in Oberbayern die »Schmankerl«, denen man sich traditionsgemäß in den Zeiten zwischen den Mahlzeiten widmet. Unangefochtene Stars sind dabei die Weißwurst, die vormittags dominiert, und der Leberkäs, dessen Hochkonjunktur eher in den Nachmittag fällt. Die Weißwurst umgibt sich mit der strengsten Etikette. Kartoffelsalat oder Sauerkraut als Beilagen sind eine Beleidigung für sie; erlaubt sind lediglich süßer Senf, eine Brezen oder ein Kümmelwecken und natürlich ein Bier, tunlichst Weißbier.

Unter den Käsen, die man in Oberbayern gern zwischendurch zu sich nimmt, ist der Obatzte am verbreitetsten, der aus Camembert, Butter, Kümmel, Paprika und gehackter Zwiebel zusammen »gebatzt« wird. Ein herzhaft stinkender Käse ist der Andechser, und natürlich passt er besonders gut zu dem in Andechs getrunkenen Andechser Bier.

Trinken

Und damit zum Bier, dessen führende Stellung in den zahlreichen Gasthäusern Oberbayerns nach wie vor unangefochten ist und das mittlerweile auch in den feinsten Gourmettempeln ausgeschenkt wird. Schon im Jahr 1040 ist dem Benediktinerkloster Weihenstephan bei Freising das erste Braurecht in Deutschland zuerkannt worden, weshalb geschichtsbewusste Bayern das Weihenstephaner immer noch an die Spitze aller Biere im Land stellen.

EINKAUFEN

Trachtenmoden und Handwerkskunst

Typische Mitbringsel und Souvenirs aus dem weiß-blauen Land

Mitbringsel machen wohl am meisten Freude, wenn sie sich ge- oder verbrauchen lassen. So kann man einem lieben Menschen ein Kistchen mit Andechser, Tölzer oder Rosenheimer Bier mitbringen oder, wenn er das mag, einen Enzianschnaps aus Berchtesgaden, einen Klosterlikör aus Ettal. Hübsche, handliche Bierseidel aus Steingut (»Halbe-Krügerl«) gibt es überall, wenn's etwas mehr kosten darf, mit Zinndeckel (unter dem das Bier länger frisch bleibt). Je einfacher, desto schöner. Das gilt auch für mundgeblasene Schnapsgläser, »Stamperl« genannt, deren edelste aus der traditionsreichen Glasbläserei Freiherr von Poschinger stammen.

Dauerhaftere, auch aufwändigere Souvenirs sind Kleidungsstücke und Zierrat aus dem Trachtengeschäft. Männer seien allerdings davor gewarnt, sich mit riesigen Gamsbärten oder prunkvollen Charivari-Ketten zu schmücken. Diese gelten als Symbole männlicher Kraft und wirken leicht lächerlich. Wesentlich kleidsamer sind gestrickte Strümpfe oder Jacken, Leinenhemden, Trachtenröcke und die beliebten Walkjanker aus distelgekämmter Schafwolle. In allen größeren Orten Oberbayerns gibt es Trachtenmodengeschäfte, in denen sich für jeden Geldbeutel Geschmackvolles findet.

Klein, aber fein sind die häufig in Trachtenläden oder in Blumengeschäften angebotenen duftenden Gebinde in symbolhafter Zusammenstellung: Nelken und Muskat bringen den Frohsinn ins Haus, Weinbeeren und Mandeln schützen vor Krankheit – und das Pfefferkorn würzt den Ehestand!

Auf Liebhaber üben die zahlreichen Läden voller rustikaler Antiquitäten einen unwiderstehlichen Reiz aus. Die Auswahl an Melkschemeln, Kuhglocken, Pferdehalftern, Heugabeln und allerlei schmiedeeisernen Gerätschaften ist groß, und irgendwie kommt auf rätselhafte Weise immer wieder neues »Altes« nach!

Das gilt auch für das Töpferhandwerk. Junge Keramiker/innen schöpfen aus traditionellen Formen und Farben und kreieren modernes irdenes Kunsthandwerk. Ihre Waren sind auf Märkten begehrte Objekte für Souvenirjäger.

Früher Zubrot armer Bergbauern, heute als Kunsthandwerk begehrt: handgeschnitzte Holzarbeiten

Feste, Events und mehr

Reggae-Summer, Ritterspiele und Oktoberfest, gefeiert wird das ganze Jahr

Waldfest, Kirchenfest, Bierfest – nicht nur die überdurchschnittlich vielen Feiertage, vor allem die Lebenslust der Einheimischen ist die Triebfeder dafür, dass es in Oberbayern keinen Festtag, kein

Kaltenberger Ritterspiele

Wochenende ohne eine Feier gibt. »Närrisch« im Fasching, festlich zu Ostern, ausgelassen im Sommer und bierselig bei den Herbstfesten, oberbayerische Festesfreude kennt viele Facetten.

Offizielle Feiertage
1. Januar *Neujahr;* **6. Januar** *Heilige Drei Könige;* **März/April** *Karfreitag, Ostermontag;* **1. Mai** *Tag der Arbeit;* **Mai/Juni** *Christi Himmelfahrt, Pfingstmontag, Fronleichnam;* **15. August** *Mariä Himmelfahrt;* **3. Oktober** *Tag der Deutschen Einheit;* **1. November** *Allerheiligen;* **25./26. Dezember** *Weihnachten*

Feste und Veranstaltungen
Fasching (Jan.–März)
Beginnend am Tag nach den *Heiligen Drei Königen* (6. Jan.) bis zum Faschingsdienstag (Karneval) ist Faschingszeit, mit »Hausbällen«, Festbällen und Privatfesten. *Skifahren* auf der *Firstalm im Spitzinggebiet* (Faschingssonntag)

März
Stelldichein der weltbesten Jazzmusiker bei den ★ *Jazztagen Burghausen* gegen Ende März, *www.b-jazz.com*

Mai/Juni
Am katholischen Feiertag Fronleichnam werden die Häuser mit jungen Birkenzweigen geschmückt. *Feierliche Prozessionen*, der Pfarrer mit Monstranz unterm Baldachin und Kindergruppen ziehen von Altar zu Altar.

Besonders eindrucksvoll: die ★ *Prozession auf dem Staffelsee*. Festlich geschmückte Fischerboote und Kähne rudern hinter dem schwimmenden Altar.

Mai–September
Musikalischer Frühsommer: festliche Konzertveranstaltungen im Schloss- und Klostermilieu.
Im Juni ★ *Richard-Strauss-Tage* in Garmisch-Partenkirchen, Konzertreihe mit Symphonien und Open-Air-Veranstaltungen.

Insider Tipp Juni–Aug.: *Orff in Andechs,* Theater- und Opernaufführungen mit Werken von Carl Orff, *www.andechs.de*

Juli/August
Auf *Schloss Kaltenberg* bei Geltendorf farbenprächtige *Ritterspiele:* wilde Gefechte, wuchtige Rösser und spannende Turniere.
Ganz in der bäuerlichen Tradition dagegen stehen die ★ *Kiefersfeldener Ritterspiele:* schaurig-schöne ländliche Komödien um Ritterfräulein und Schlossgespenster.
Beim ★ *Reggae-Summer am Chiemsee* treffen sich Reggaefans aus ganz Europa, *www.chiemsee-reggae.de*

Juli–September
Zu den eindrucksvollsten Seefesten zählt das *Eibseefest bei Grainau*, zu den schönsten Waldfesten das *Trachtenwaldfest in Kreuth* hinterm Tegernsee.

Unverfälscht und urgemütlich geht es auf dem **Stadelfest in** **Insider Tipp** *Schöffau bei Uffing* zu: Tanz in der Scheune sowie Schweinshaxen und Hendl vom Grill.

August/September
Ähnlich dem Münchner Oktoberfest, jedoch wesentlich beschaulicher ist das *Rosenheimer Herbstfest* Ende August bis Mitte September.

November/Dezember
St. Leonhard, Schutzpatron der Pferde, wird am 6. Nov. verehrt, *Leonhardifahrten und -ritte* z. B. in *Bad Tölz, Murnau, Bad Feilnbach und Kreuth*.
Die *Christkindlmärkte* im Dezember zaubern vorweihnachtliche Stimmung in Dörfer und Städte, wie *Andechs, Dießen, Glentleiten* oder *Tegernsee*.

Insider Tipp **Christkindlmarkt Bad Kohlgrub**: Ein ganzes Dorf bastelt Geschenke für soziale Zwecke.

Prozession auf dem Staffelsee

STARNBERGER FÜNF-SEEN-LAND

Seen und Moränenhügel

Wo die Oberbayern selbst gern Urlaub machen

Ob für ein Wochenende oder für eine ganze Woche, am Starnberger See und am Ammersee verbringen die Oberbayern ihre Freizeit am liebsten. Dazwischen liegen weitläufige Forste, auch sie nicht ohne erquickende Gewässer, Kuhwiesen – mehr und mehr auch als Pferdekoppeln genutzt – und Dörfer ohne Hotels, aber fast immer noch mit einer zünftigen Wirtschaft und einem Biergarten unter Kastanien. Herz, was willst du mehr?

Zarter Blütenzauber in Andechs

AMMERSEE

[102 C3–5] Nach dem Chiemsee und dem Starnberger See ist er der drittgrößte See Bayerns. Allerdings wird er immer kleiner, weil sein südlicher Zufluss, die Amper, unentwegt neue Schuttmassen aus dem Gebirge herantransportiert. Am Ende der Eiszeit noch 36 km lang, ist er mittlerweile auf 18 km geschrumpft. Während der Starnberger See als verstädtert und »schicki« gilt, gibt sich der Ammersee naturnäher und eher ländlich. Gerade diese Eigenschaften machen ihn jedoch attraktiv. Empfehlenswert

Stolze Löwen bewachen das Ufer des Starnberger Sees in Tutzing

sind die Rundfahrten mit den Schiffen der Ammerseeflotte! Sie beginnen in Stegen am Nordende und dauern 2–3 Stunden. *Auskunft: Bayerische Schifffahrt Ammersee, Stegen, Tel. 08143/940 21*

ZIELE UM DEN SEE

Herrsching **[102 C4]**
Hauptvorzüge des biederen Badeorts am Ostufer sind ein paar schöne Badeplätze bei den Ortsteilen Lochham und Wartaweil und der Spaziergang durch das Kiental hinauf nach Andechs. *Auskunft: Verkehrsbüro, Rathaus, Tel. 08152/37 40, Fax 52 18*

Südufer **[102 C3–5]**
Das Südufer des Sees ist versumpft, daher ein Paradies für Wasservögel und Naturschutzgebiet. Nur auf Fußwegen zugänglich, erreichbar

Ammersee

über die Landstraße, die nach Fischen und Herrsching führt.

Westufer [102 C3–5]
Entlang des Westufers verteilen sich idyllische Orte, die sich aus Fischerdörfern in Villenkolonien verwandelt haben: *Riederau, Utting, Schondorf*. Überall gibt es schöne, autofreie Uferpromenaden und Spazierwege, Segelclubs, Strandbäder, Segel- und Surfschulen, Cafés und Restaurants. In Schondorf steht als ältestes Gotteshaus am Ammersee die *Kapelle St. Jakob* (12. Jh.), auch *Seekapelle* genannt. `Insider Tipp`

Herrlich gelegen ist das Restaurant Seehaus in Riederau mit französisch-mediterraner Küche, *Seeweg, Tel. 08807/73 00, www.seehaus.de, tgl., €€€)*. Sowohl Gaumen- wie auch auch Ohrenschmaus können Sie in der *Alten Villa Utting* erleben: Die Sonn- und Feiertage gehören den Jazzmusikern. Die fetzigen Frühschoppen sind in der Jazzszene beliebt und bekannt. Im edlen Restaurant gibt es Hirschcarpaccio, Rehfilet und frische Fische aus dem Ammersee *(Alte Villa, Seestr. 32, Tel. 08806/617, Mo/Di geschl., www.alte-villa-utting.de, €€€)*. `Insider Tipp`

AUSKUNFT

Fremdenverkehrsverband Ammersee-Lech
Von-Kühlmann-Str. 15, Landsberg am Lech, Tel. 08191/12 82 47, www.ammerseelech.de

ZIELE IN DER UMGEBUNG

Schöngeising [102 C2]
Das kleine *Bauernhofmuseum Jexhof* 8 km nördlich des Sees hätte viel mehr Besucher verdient. Hier lässt es sich besonders tief in bayerisches Seelenleben blicken. Zahlreiche Sonderausstellung haben das Ziel, das unbekannte Bayern nachzuzeichnen und Urbayerisches außergewöhnlich darzustellen. Die Ausstellungsthemen reichen von Räuberromantik bis »Politiker-Dableckn«. *Jexhof, Tel. 08153/932 50, Fax 93 25 25, www.jexhof.de, Di bis So 13–17 Uhr, Eintritt 2,50 Euro* `Insider Tipp`

Seefeld [102 C4]
Hoch über dem idyllischen, nur wenige Kilometer westlich des Ammersees gelegenen *Pilsensee* thronen malerisch der Ort und das *Schloss Seefeld*, 1302 zum ersten Mal urkundlich erwähnt. Im gesamten Schlossbereich pulsiert das Leben: Der Hof beherbergt Kunsthandwerker, Möbel- und Antiquitätengeschäfte. Gern besucht werden hier auch Breitwandkino, Schlossmuseum und Bräustüberl *(Auskunft: Schlosshof 7, Tel. 08152/98 08 97, Fax 99 99 60, www.kultur-schloss-seefeld.de)*. Eingesäumt von einer traumhaften *Eichenallee*, deren Pflanzung Clemens Anton Graf von Törring im 18. Jh. veranlasste, führt eine wenig befahrene Teerstraße knapp 10 km nach Weßling.

Weßling [103 D3]
Markanter Blickfang im rund 10–15 km entfernten Weßling ist der schindelbedeckte, sechseckige Zwiebelturm der *Christkönigskirche*, 1938–39 erbaut. Der romantische, nur 170 000 m^2 große *Weßlinger See* wird völlig vom Dorf umschlossen. Knapp 2 km lang ist der Wanderweg rund um den See. Das Ufer bietet viele Rastmöglichkeiten. Der See selbst ist beliebt bei Wassersportlern und Badenixen.

STARNBERGER FÜNF-SEEN-LAND

Wörthsee [102 C3]

In unmittelbarer Nähe von Ammer- und Pilsensee gelegen, ist der Wörthsee mit seinen gut 4 km² der drittgrößte See im Fünf-Seen-Land. Benannt ist er nach der »Wörth«, der einzigen Insel im See. Hier baute die Münchner Patrizierfamilie Katzmair um 1400 ein Schloss. Der See ist beliebt zum Segeln, Surfen und natürlich zum Baden.

ANDECHS

[102 C4] ★ ☼ ✈ Andechs, Kloster auf dem »Heiligen Berg« und Wallfahrtskirche, ist eine Gründung der Grafen von Dießen-Andechs, die in der Heiligen Kapelle gesammelten Reliquien seit 1128 das Ziel von Wallfahrten. Nach dem Aussterben des Geschlechts gründeten die Wittelsbacher ein Augustinerchorherrenstift, das später in ein Benediktinerkloster umgewandelt wurde. Die Mönche haben es verstanden, ihre Kirche zum Ziel der populärsten Marienwallfahrt Bayerns zu machen. Dazu tragen nicht so sehr der übliche Devotionalienkitsch und die Reliquien bei, sondern die schöne Kirche selbst, die Aussicht, die Klostergastronomie, vor allem aber das Bier. Letzteres gehört zu den beliebtesten im Lande und schmeckt bekanntlich am besten dort, wo es gebraut wird. Mit den Bierzechern machen die Klosterbrüder heute bessere Geschäfte als mit den echten Wallfahrern. An einem guten Tag ist der »Heilige Berg« fast ein bayerisches Paradies!

SEHENSWERTES

Wallfahrtskirche

Weithin sichtbar ist ihr achteckiger Turm. Die Kirche wurde wiederholt

---

MARCO POLO Highlights
»Starnberger Fünf-Seen-Land«

★ **Floßfahrten auf der Isar**
Die feuchten Plätze sind immer heiß begehrt (Seite 39)

★ **Stiftskirche St. Marien**
Prachtwerk des oberbayerischen Rokokos (Seite 31)

★ **Schiffsrundfahrt**
Über den Starnberger See mit dem neuen Galerie-Katamaran (Seite 34)

★ **Altstadt**
Landsbergs stolze Altstadt über dem Lech (Seite 32)

★ **Andechs**
Eine Rokokokirche, eine bezaubernde Aussicht und das vielleicht beste Bier Bayerns (Seite 29)

★ **Osterseen**
Urerlebnis: eine Wanderung in diesem autofreien Naturschutzgebiet (Seite 38)

★ **Buchheimmuseum der Phantasie**
Die Bilder der »g'spinnerten Maler« sind heute Millionen wert (Seite 36)

DIESSEN

Überwältigend in seiner Pracht: der »Dießener Himmel« in St. Marien

umgebaut. Den rokokobeschwingten Innenraum gestaltete Johann Baptist Zimmermann 1750. Schöne Altarfiguren von Johann B. Straub und Franz Xaver Schmädl. In der Heiligen Kapelle sind die kostbare spätgotische Monstranz mit den drei Hostien und andere mittelalterliche Reliquien zu sehen. Im Rahmen verschiedener Veranstaltungen und Konzerte sind die Räumlichkeiten der Öffentlichkeit zugänglich. *Führungen auf Anfrage: Tel. 08152/37 61 54, www.andechs.de*

ESSEN & TRINKEN

Klosterbräustüberl
Beliebte, einfache Wirtschaft mit Selbstbedienung. Regionale Spezialitäten sind der Andechser Klosterkäse, Andechser Brot und Andechser Likör. *Tgl. geöffnet, Tel. 08152/37 62 61, €*

Klostergasthof
Gehobene Küche und mehrfach prämierter Aussichtsbiergarten. *Tgl. geöffnet, Tel. 08152/930 90, €–€€*

AUSKUNFT

Verkehrsbüro
Tel. 08152/932 50, Andechserstr. 16, www.gemeinde-andechs.de

DIESSEN

[102 C5] Der Markt (8000 Ew.) und Hauptort des Ammersee-Westufers ist aus drei Teilen zusammengewachsen: dem einstigen Fischerdorf unten am See; der bürgerlichen Marktgemeinde auf halber Höhe, in der sich Handel und Wandel konzentrieren, und dem Areal um das bedeutende, bereits 1132 gegründete Augustinerchorherrenstift,

STARNBERGER FÜNF-SEEN-LAND

dessen Marienmünster neben der Andechser Kirche das zweite weithin sichtbare Wahrzeichen des Ammersees ist. Künstler, Musiker und Kunsthandwerker fühlen sich hier zu Hause. Der berühmteste unter ihnen war der Komponist Carl Orff.

SEHENSWERTES

Stiftskirche St. Marien
★ Die Rokokokirche (1732–39) von Johann Michael Fischer, auch *Marienmünster* genannt, ist ein prächtiges Werk dieses baufreudigen Zeitalters. Die Innenausstattung stammt von den Wessobrunner Stuckateuren Feichtmair und Üblherr, die Deckenmalerei von Johann Georg Bergmüller. Ein besonders schöner Engel von Ignaz Günther befindet sich in der Nische des Rosenkranzaltars neben dem Eingang! *Tgl. geöffnet, Führungen/Auskünfte über das Pfarramt im Klosterhof*

St. Stephan
Die nördlich von St. Marien liegende Kirche war der einstige Marstall, wurde in jüngerer Zeit zur »Winterkirche« umfunktioniert und mit kostbaren romanischen und gotischen Skulpturen ausgestattet. *Tgl. geöffnet*

MUSEUM

Orff-Museum
Eine Ausstellung zu Leben und Werk des großen bayerischen Komponisten und Musikpädagogen Carl Orff (1895–1982). *Hofmarkstr. 3, Sa/So 14–17 Uhr, Führungen nach Vereinbarung, Tel. 08807/15 83, Eintritt 2 Euro*

EINKAUFEN

Dießener Keramik wird früher wie heute weltweit gekauft. Zum alljährlichen Töpfermarkt kommen Kunsthandwerker sogar aus ganz Europa. Gutes Kunstgewerbe können Sie auch im Kiosk an der Uferpromenade finden. *Im Sommer Mo–Fr 10–12.30 und 14–17 Uhr, Sa/So und im Winterhalbjahr 11–17 Uhr*

Witze und Wutzeln

Heimatabende zwischen Kunst und Katastrophe

Je weniger Verstärker und Elektrogitarren, umso größer ist die Chance, dass Sie bei einem traditionellen Heimatabend ohne Weiß-Blau-Kitsch sind. Traditionelle Volksmusik ist einmal lustig, einmal leise. Trachten und Dirndl der Tänzerinnen und Tänzer sind edel und nicht »krachert«, Witze des Moderators nicht derb und anzüglich. Wird auf einem Plakat mit »Preiswutzeln« geworben, gibt es meist Pseudofolklore und Touristennepp. »Preiswutzeln« heißt zum Beispiel: Ein weiblicher Urlaubsgast zieht auf der Bühne ein verknotetes Taschentuch durch die kurze Lederhose des strammen Burschen. Um dieser oder ähnlichen Geschmacksverwirrungen zu entgehen, achten Sie auf den Veranstalter.

LANDSBERG AM LECH

Türme und Tore: Landsbergs Hauptplatz mit Marienstatue und Schmalzturm

ÜBERNACHTEN

Strandhotel Dießen
⚜ Ruhige Lage, schöner Blick, guter Komfort, eigenes Seeufer und Strandbad nahebei. Auch Restaurant. *18 Zi., Jahnstr. 10, Tel. 08807/922 20, Fax 89 58,* €€

AUSKUNFT

Fremdenverkehrsamt
Mühlstr. 4 a, Tel. 08807/10 48, Fax 44 59, www.diessen.net

LANDSBERG AM LECH

[102 A3–4] Stolz thront die Stadt (21 700 Ew.) über dem Lechtal. Man sieht ihr noch an, dass sie als wehrhafte Festung 1160 von Herzog Heinrich dem Löwen angelegt wurde, der zwei Jahre vorher auch München gegründet hatte. Im Gegensatz zu den mittelalterlich- schweren Festungsbauten zeigt sich der Stadtkern in gut restauriertem, barocken Gewand.

SEHENSWERTES

Altstadt
★ Ein halbstündiger Rundgang durch die Altstadt beginnt am dreieckigen *Hauptplatz*, der vom *Schönen Turm* (14. Jh.), vom *Marienbrunnen* (1783) und von dem prächtig stuckierten *Rathaus* (1720) beherrscht wird. Ebenfalls am Hauptplatz steht die frühere herzogliche *Residenz*. Unter den Kirchen ist zu erwähnen: *Mariä Himmelfahrt* mit einem Rosenkranzaltar von Dominikus Zimmermann und einer Madonna von Hans Multscher; ⚜ *Malteserkirche* mit auffallend hohem Giebel, prunkvoller Rokokoausstattung und einer Terrasse mit schönem Blick über die Stadt.

Einen herrlichen Blick hat man auch vom ⚜ *Bayertor* (1425) an

STARNBERGER FÜNF-SEEN-LAND

der alten Einfahrt von München her, das zu den schönsten gotischen Stadttoren Deutschlands gehört. An der Stadtmauer entlang führt ein Fußweg zum Hauptplatz zurück, der mehrmals im Jahr zum Freilichtfestsaal wird.

ÜBERNACHTEN

Goggl
Ein runderneuertes Traditionshaus in der Altstadt. Römisches Dampfbad, Solarium, Internetanschluss im Zimmer. *65 Zi., 2 Suiten, Herkomerstr. 19–20, Tel. 08191/32 40, Fax 32 41 00, www.hotelgoggl.de,* €€

AUSKUNFT

Fremdenverkehrsamt
Rathaus, Hauptplatz 1, Tel. 08191/ 12 82 46, Fax 12 81 60, www.landsberg.de

ZIEL IN DER UMGEBUNG

Vilgertshofen [102 A5]
Die 13 km entfernte *Wallfahrtskirche zur schmerzhaften Maria*, erbaut 1686–92 von Johann Schmuzer, ist ein Prachtexemplar der Wessobrunner Schule mit herrlichen Rokokostuckdekorationen.

STARNBERG

[103 D4] Die Kreisstadt Starnberg (22 500 Ew.) am Nordende des Sees, für viele Münchner nur eine reichliche Autoviertelstunde entfernt, ist mit ihren Strandpromenaden, Bootsverleihern, Cafés und Wassersportclubs die unbestrittene Metropole der Region. Das Ortsbild ist dagegen wenig attraktiv.

SEHENSWERTES

Alte Pfarrkirche St. Joseph
Das viel zu wenig bekannte Rokoko-Schmuckstück, 1764–70 erbaut, ist mit einem meisterhaften Hochaltar von Ignaz Günther ausgestattet, auf dem Maria und Joseph mit dem Jesusknaben thronen.

ESSEN & TRINKEN

Wirtshaus Obermühltal
Wildspezialitäten. *Obermühltalstr. 130, Tel. 08151/85 85, Mo geschl.,* €€ – €€€

ÜBERNACHTEN

Seehof
Gut geführt, zentral. *38 Zi., Bahnhofsplatz 6, Tel. 08151/90 85 00, Fax 281 36, www.hotel-seehofstarnberg.de,* €€

ZIEL IN DER UMGEBUNG

Schloss Leutstetten [103 E4]
Das 5 km nördlich gelegene Schloss, von Mitgliedern der Familie Wittelsbach bewohnt, kann nicht besichtigt werden. Doch ein Ausflug lohnt wegen seines Gestüts und der Schlosswirtschaft mit schönem Biergarten *(Tel. 08151/81 56,* €€*)*.

STARNBERGER SEE

[103 D4–6] Seit die Menschen am und im Wasser ihr Vergnügen suchen, gilt der Starnberger See, früher *Würmsee* genannt, als *der* Badesee der Münchner. Das fing vor über 300 Jahren an, als Bayerns feierfreudiges Kurfürstenpaar Henriette Adelheid und Ferdinand Ma-

STARNBERGER SEE

ria im legendären Prunkschiff »Bucentaur« über den See kreuzte und rauschende Feste feierte. Es setzte sich fort im 19. Jh., als Münchner Patrizierfamilien sich Schlösser und Villen an die Ufer bauen ließen. Und heute? Da läuft die Badewanne vor den Toren der Millionenstadt München an schönen Sommertagen einfach über – trotz einer Länge von 21 km und einer Breite von 5,5 km. Immerhin ist der Starnberger See Bayerns zweitgrößter See.

SEHENSWERTES

Schiffsrundfahrt
★ Die angenehmste Weise, den Starnberger See kennen zu lernen. An Bord bleiben einem verstopfte Straßen, überfüllte Parkplätze und unpassende Halteverbote erspart. Die große Rundfahrt dauert 3 Stunden – und vergeht wie im Fluge. Am besten beginnt man sie in Starnberg selbst. *Infos: Bayerische Seenschifffahrt, Dampfschiffstr. 5, Tel. 08151/120 23 und 80 61, www.bayerische-seenschifffahrt.de*

AUSKUNFT

Tourismusverband Starnberger Fünf-Seen-Land
Für alle Orte am See ohne eigenes Verkehrsamt zuständig. *Wittelsbacherstr. 2 c, Tel. 08151/906 00, Fax 90 60 90, www.sta5.de*

ZIELE UM DEN SEE

Ammerland/Ambach [103 D5]
Das Ostufer des Sees ist die stillere, »vornehmere« Seite. In den früheren Fischerdörfern *Ammerland* und *Ambach* (rund 15–20 km von Starnberg entfernt) gibt es noch viele alte Villen auf größeren Grundstücken, und die Uferstraße ist größtenteils für den Autoverkehr gesperrt. Davon profitieren Radwanderer und Spaziergänger. Einrichtungen für den Wassersport fehlen fast ganz, alles ist in privater Hand. Dafür treffen sich Gäste aus nah und fern hier besonders gern in einem der schönsten Biergärten am Ostufer des Starnberger Sees, der zum Restaurant *Zum Fischmeister* gehört: bayerische und internationale Küche, Dampfersteg und immer frische Fische *(Tel. 08177/533, Mo/Di geschl., €€)*.

Berg [103 D4]
Das 5 km südlich Starnbergs gelegene Dorf ist durch sein Schloss bekannt geworden. Hier verbrachte König Ludwig II. zwangsweise die letzten Tage vor seinem mysteriösen Tod am 13. Juni 1886. Der für geisteskrank Erklärte wurde mit seinem Psychiater im seichten Wasser vor dem Schlosspark ertrunken aufgefunden. Über die Hintergründe wird bis zum heutigen Tag gerätselt. Ein *Gedenkkreuz* und die *Votivkapelle* in Berg erinnern an seinen Tod. Ein Spaziergang durch den schönen *Schlosspark* – das *Schloss* selbst ist nicht zugänglich – ist allemal lohnend.

Maisinger Schlucht [103 D4] *Insi-Tip*
Keine 2 km abseits vom pulsierenden Leben am Starnberger See Natur pur in der Maisinger Schlucht. Wilde Wasserläufe und ungezähmte Wildnis bis hin zur kleinen Gastwirtschaft am *Maisinger See*.

Pöcking/Possenhofen [103 D4]
Das Bild des ehemaligen Straßendorfs *Pöcking* (5600 Ew.) am West-

STARNBERGER FÜNF-SEEN-LAND

Lebensart: Sommerfreuden am Ufer des Starnberger Sees in Tutzing

ufer ist geprägt durch die drei Kirchen *St. Ulrich* (17. Jh.), die neoromanische Pfarrkirche *St. Pius* (1957) und *Heilig Geist* (1968).

Der Ortsteil *Possenhofen* ist ein beliebtes Ausflugsziel: Hier steht das 1536 von Jakob Rosenbusch erbaute *Schloss*. Herzog Maximilian erwarb es 1834. Seine Tochter «Sissi», später Kaiserin Elisabeth von Österreich, verbrachte hier ihre Jugendjahre. Das Gebäude mit seinen wuchtigen Ecktürmen ist heute in Privatbesitz und kann nur von außen besichtigt werden. Das angrenzende riesige Freizeitgelände mit altem Baumbestand gehört zu den schönsten frei zugänglichen Parks am Starnberger See.

Von hier aus sind es nur wenige Wanderkilometer bis zum Gourmettempel und Hotel *Forsthaus am See*. Wegen seiner herrlichen, ruhigen Lage zu empfehlen. 21 komfortable Zimmer, ambitionierte Küche *(Possenhofen, Tel. 08157/930 10, Fax 42 92, tgl. 12–23 Uhr, €€€). Auskunft: Gemeinde Pöcking, Feldafingerstr. 4, Tel. 08157/930 60, Fax 73 47, www.poecking.de*

TUTZING

[103 D5] Gut 1000 Jahre alt ist das ursprüngliche Fischerdorf. Der Ort (11000 Ew., Endstation der S-Bahnlinie S6 von München) bietet gute Bademöglichkeiten und mehrere Bootshäfen. Internationale Tagungen in der Politischen Akademie.

SEHENSWERTES

Evangelische Akademie
Klassizistisches Schloss mit englischem Landschaftsgarten, heute für Seminare genutzt. *Schlossstr. 2/4*

Rathaus
Viel mehr als bloßes Verwaltungsgebäude. Hier finden überregional beachtete Kunst- und Themenausstellungen statt. *Kirchenstr. 9, Tel. 08158/250 20*

ESSEN & TRINKEN

Wirtschaft Zum Häring
Anspruchsvolles Lokal im »Midgardhaus« mit Biergarten. Schöne Lage

TUTZING

am Seeufer. *Midgardstr. 3–5, Tel. 08158/12 16, Mo geschl., €€€*

ÜBERNACHTEN

Andechser Hof
Solides Mittelklassehaus mit gutem Restaurant. *30 Zi., Hauptstr. 27, Tel. 08158/18 22, Fax 99 97 75, www.andechserhof.de, €*

AUSKUNFT

Gemeindeverwaltung
Kirchenstr. 9, Tel. 08158/250 20, Fax 25 02 48

ZIELE IN DER UMGEBUNG

Bernried [103 D5–6]
Das hübsch gelegene Dorf, 5 km südlich von Tutzing, geht auf ein Augustinerchorherrenstift zurück und war jahrhundertelang ein viel besuchter Wallfahrtsort. Das dörfliche Bild wird überlagert von der sakralen Architektur: der *St. Martins-Kirche* des einstigen Stiftes, der *Pfarrkirche St. Maria* und der *Wallfahrtskapelle*. ↯ Südlich des Orts zieht sich das Parkgelände der *Busch-Woods-Stiftung* mit seinem prächtigen Waldbestand am See entlang. Das für Autos gesperrte Gebiet bietet Wanderern zu Fuß und auf dem Rad lohnende Routen *(Infos unter www.bernried.de)*.

Nur wenige Kilometer nördlich hat 2001 eines der interessantesten Kunstmuseen seine Pforten geöffnet: das ★ *Buchheimmuseum der Phantasie*. Neben der legendären Expressionistensammlung der »Brücke-Künstler« mit Gemälden, Aquarellen, Zeichnungen und Druckgrafiken u.a. von Ernst L. Kirchner, Erich Heckel und Emil Nolde beherbergt das Museum auch Kunsthandwerk aus aller Welt, bayerische Volkskunst und Kultgegenstände aus Afrika und vielen anderen Kontinenten. Eine neu eingerichtete Museumslinie bringt Sie per Schiff von Starnberg nach Bernried. *Am Hirschgarten 1, Di–So 10–18 Uhr, Eintritt 8,50 Euro, www.buchheim museum.de*

Feldafing [103 D5]
Es gibt gute Gründe dafür, den 6 km nördlich von Tutzing gelegenen Ort für den »feinsten« der Gegend zu

Lassen Sie Ihrer Phantasie im Buchheimmuseum in Bernried freien Lauf

STARNBERGER FÜNF-SEEN-LAND

G'stanzl

Oberbayerische Musik »unplugged«

Wenn Sie Musik in allen Variationen lieben, dann muss Ihr Ferienziel Oberbayern heißen. Hier erleben Sie Zither, Gitarre und Hackbrett noch »unplugged«. Hier dürfen Sie mitjodeln, zuhören und sich über unverfälschte Musiktradition freuen. Aber Oberbayern ist auch anders: Georg Ringsgwandl, der mittlerweile bundesweit bekannte, so genial-schräge frühere Oberarzt aus Garmisch, mischt jetzt von Murnau aus die Musikszene auf. Der Landwirt Walter Vasolt, der seine größten Erfolge beim Wettsingen am Ammersee gefeiert hat, setzt die G'stanzltradition (= Sprechgesang auf bayerische Art) eines Roider Jackl fort. Der hat, wie die Oberbayern sagen, alle »dableckt« ohne parteipolitisches Augenzwinkern. Auch wenn Sie nicht alles verstehen, lachen Sie mit und fragen Sie nach, worüber sich die Einheimischen so köstlich amüsieren.

---

halten. Zum einen das Traditionshotel *Kaiserin Elisabeth* mit Restaurant und Braustüberl *(70 Zi., Tel. 08157/930 90, Fax 930 91 33, www.kaiserin-elisabeth.de, €€–€€€)*, in dem die österreichische Monarchin 22 Sommer verbrachte, bevor sie 1898 einem Attentat zum Opfer fiel. Zum anderen liegt hier der schönste 18-Loch-Golfplatz Deutschlands, der *Golf Club Feldafing (Tutzinger Str. 15, Tel. 08157/933 40, Fax 93 34 99)*.

Auch befindet sich hier die **Insider Tipp** romantisch-verschwiegene *Roseninsel*, auf der Bayerns König Maximilian II. rund 1860 eine Villa im pompejanischen Stil errichten ließ, und der junge Kronprinz Ludwig – in aller Ehrbarkeit! – sich mit seiner älteren Kusine Sissi traf. Archäologen konnten nachweisen, dass die Roseninsel schon vor gut 3000 Jahren bewohnt war. Ihren Namen hat sie allerdings aus der Zeit König Ludwigs II., der die Insel mit Rosenstöcken übersäen ließ, um seiner Kusine Sissi zu imponieren. Viele Jahrzehnte schlummerte die Insel im Dornröschenschlaf, seit geraumer Zeit kann man bei schönem Wetter an Wochenenden überaus romantisch übersetzen: Der *Fährmann Norbert Pohlus* rudert Sie mit seinem alten Holzkahn zur Insel. Am Anlegesteg am Ufer von Feldafing einfach die Glocke läuten, und der Fährmann kommt *(Tel. bis mittags 08157/99 83 09, mobil 0171/722 22 66)*.

Ilkahöhe [103 D5]

Der Wanderweg von Tutzing hinauf führt durch grandiose Landschaft. Am Ziel als Lohn ein herrlicher Blick auf den Starnberger See, die Voralpenlandschaft und die bayerischen Berge dahinter.

Seeshaupt/Osterseen [109 E–F1]

Der ruhige Erholungsort am Südende des Sees (11 km südlich von

WOLFRATSHAUSEN

Tutzing) ist Wendepunkt für die Schifffahrt und profitiert von der Nähe zu den ★ *Osterseen*. Diese einzigartige moorige Naturlandschaft setzt sich aus 21 kleinen Seen und Weihern zusammen und ist größtenteils nur zu Fuß oder mit dem Rad zugänglich. Die zum Naturschutzgebiet erklärte Seenplatte, Zuflucht seltener Tiere und Pflanzen, ist nach der letzten Eiszeit, also vor rund 10 000 Jahren, aus einem riesigen Eisblock entstanden.

WOLFRATSHAUSEN

[103 E5] Die freundliche ehemalige Kreisstadt (16 000 Ew.) nahe dem Zusammenfluss von Isar und Loisach ist vom Tourismus noch kaum entdeckt, obgleich ein Besuch sich lohnt. Hier finden Sie noch urtypische Wirtshäuser, über deren gutes Preis-Leistungsverhältnis Sie staunen werden. Außerdem laden hervorragend angelegte Wanderwege am Loisachhochufer zum Verdauungsspaziergang ein.

SEHENSWERTES

Altstadt
Zentrum des Städtchens ist die historische *Marktstraße* mit schönen alten Bürgerhäusern. Die *Pfarrkirche St. Andreas*, von den Schweden im Dreißigjährigen Krieg zerstört, ist um 1650 im Stil der Zeit wieder aufgebaut worden; Blickfang an der dreischiffigen Hallenkirche ist der Hochaltar von Lukas Herle (1660) mit von Laub umrankten Säulen. Schon von weither sichtbar ist der auffallend hohe und schlanke Kirchturm.

ESSEN & TRINKEN

Gasthof Humplbräu
Renoviertes Haus in historischem Gemäue mit bodenständiger Küche. *Obermarkt 2, Tel. 08171/ 48 32 90, So ab 14.30 und Mo geschl., €–€€*

AUSKUNFT

Stadtverwaltung
Marienplatz 1, Tel. 08171/21 44 11, Fax 21 41 12, www.wolfratshausen.de

ZIELE IN DER UMGEBUNG

Beuerberg [103 E6]
Das einstige Augustinerchorherrenstift 11 km südlich von Wolfratshausen wurde 1120 gegründet. Es war mächtig und wohlhabend, hatte Besitzungen in Kärnten und in Kaltern – die Chorherren wussten den Südtiroler Wein zu schätzen! Der Klosterbau stammt aus der ersten Hälfte des 18. Jhs. Die Kirche, gleich nach dem zerstörerischen Einfall der Schweden im Dreißigjährigen Krieg wieder aufgebaut, repräsentiert den frühbarocken Baustil um 1635.

An der Straße nach Königsdorf, im Ortsteil *Sterz*, liegt der *Golfclub Beuerberg*. Schöne 18-Loch-Anlage mit allen landschaftlichen Vorzügen des Voralpenlandes *(Tel. 08179/ 617, www.golf.de/beuerberg)*.

Isartal [103 E–F 3–5]
Zwischen Wolfratshausen und der Stadtgrenze von München erstreckt sich, 25 km lang, das tief in die bewaldete Schotterebene eingeschnittene Isartal, als Badelandschaft und Wanderparadies von den

STARNBERGER FÜNF-SEEN-LAND

Münchnern hoch geschätzt. Von Anfang Mai bis Ende September werden auf dieser Strecke auch die so beliebten ★ *Floßfahrten auf der Isar* mit Bier und Blasmusik veranstaltet. Sie beginnen im Wolfratshausener Ortsteil *Weidach* und enden an der Floßlände in *München-Thalkirchen*. In der Fahrtdauer von 8 Stunden ist eine Mittagspause an Land eingeschlossen *(Auskunft und Buchung: DER Touristik und Incentive, Landshuter Allee 38, München, Tel. 089/120 42 37, Fax 120 44 34)*.

Schäftlarn [103 E4]
10 km nördlich von Wolfratshausen breiten sich auf einem weiten Wiesengrund vor den dunklen Wäldern der Isarsteilufer die Klosteranlagen von Schäftlarn aus. Im Dreißigjährigen Krieg bis auf die Grundmauern niedergebrannt, wurden sie erst ein Jahrhundert später mit kurfürstlicher Unterstützung in neuer Pracht wieder aufgebaut. Das schlichte Klostergebäude (1702–07), heute Internatsschule, kontrastiert mit der jüngeren, in Rokokopracht erbauten Klosterkirche (1733–60). Deren Architekten waren François Cuvilliés und – nach einer durch Geldmangel erzwungenen Baupause – Johann Baptist Gunetsrhainer.

Als Freskenmaler und Stuckateur schuf hier Johann Baptist Zimmermann sein letztes großes Meisterwerk: »... wundervoll hell, heiter, voll Licht und Luft, Himmel und Landschaft, die Farben so frisch wie zart, duftig, mit dem Schimmer von Opal und Perlmutt« (Alexander von Reitzenstein). Künstlerisch ebenbürtig sind die Altäre von Johann Baptist Straub, der auch die verspielte Kanzel schuf.

Sehr beliebt sind die hier im Sommer veranstalteten Konzerte *(Info zum Kloster und über die Konzerte: Tel. 08178/34 35)*. Noch größeren Zulauf findet der gastliche Klosterbiergarten, das *Klosterbräustüberl (Tel. 08178/36 94, €)*.

Feucht-fröhliche Gaudi: Floßfahrten auf der Isar

ZUGSPITZREGION

Wo die Zugspitze spitze ist

Ammergau, Pfaffenwinkel und Werdenfelser Land warten mit mannigfaltigen Höhepunkten auf

Das westliche Oberbayern endet am Lech. Seit den Völkerwanderungen ist er die Grenze zwischen Bajuwaren (Altbayern) und Alemannen (Schwaben). Die Trennlinie hat alle Wechselfälle der Geschichte überdauert und ist auch heute noch von Bedeutung. Denn hier treffen zwei durchaus unterschiedliche Mentalitäten aufeinander. Das fängt beim Geldausgeben an (die Oberbayern gelten als »verschwenderisch«, die Schwaben als »geizig«) und hört bei der Küche (hier Knödel, da Spätzle) noch lange nicht auf.

Das Werdenfelser Land vor dem imposanten Massiv des Wettersteingebirges ist, wie es aussieht, eine urbayerische Bilderbuchlandschaft. Aber das stimmt nicht ganz. Über 500 Jahre lang hat es unter dem milden Regime der Bischöfe von Freising – die waren weit weg! – ein ziemlich eigenständiges Leben geführt, bevor es 1803 an Bayern fiel. Von daher haben sich seine Bewohner einen besonderen Sinn für Unabhängigkeit und Eigensinnigkeit bewahrt. Stolz dürfen sie auch sein. Denn »ihr« Land ist ein ungewöhnlich schönes Fleckchen

Am Fuß der Zugspitze liegt der bekannte Ferienort Grainau

Freilichtmuseum an der Glentleiten

bayerischer Erde: Es hat die höchsten Berge Deutschlands und genießt dank dem Olympia-Doppelort Garmisch-Partenkirchen weltweit internationales Renommee.

GARMISCH-PARTENKIRCHEN

Karte in der hinteren Umschlagklappe

[109 D5] Der in seinem weitläufigen Talkessel immer mehr zusammenwachsende Doppelort weigert sich trotz seiner 30 000 Einwohner hartnäckig, Stadt zu werden. »Marktgemeinde«, meint man, klingt gemütlich und überschaubarer. Aber »Ga-Pa« ist nicht nur heilklimatischer Kurort und beliebte Sommerfrische, sondern auch internationa-

GARMISCH-PARTENKIRCHEN

Garmisch-Partenkirchens Prachtstraße ist die Ludwigstraße

ler Wintersportplatz, Verkehrs- und Vergnügungszentrum für ein großes Einzugsgebiet sowie Treffpunkt für ein zahlungskräftiges Publikum, nicht zuletzt aus den USA. Das alles setzt so viel moderne Infrastruktur voraus, dass das Idyll nur noch in ein paar verborgenen Winkeln überleben konnte.

Als Talort der Zugspitze, mit 2964 m Deutschlands höchster Gipfel, ist es zunächst berühmt geworden. Zu den zerfurchten Felsenmauern des Wettersteins kontrastieren harmonisch die sanfteren Hausberge im Norden, der Wank und der Kramer, der breite Fichtenwaldgürtel und die saftig grünen Wiesenmatten. Als spezielle Attraktionen nicht zu vergessen die wildromantischen Schluchten von Partnach- und Höllentalklamm, die idyllischen Bergseen und die zahlreichen Bergbahnen.

SEHENSWERTES

Altstadt von Garmisch
Zentral am *Marienplatz* steht die *Neue Pfarrkirche St. Martin,* erbaut 1730–34 von dem Wessobrunner Joseph Schmuzer, ein bildschönes Exempel oberbayerischer Rokokobaukunst. Jenseits der Loisach, etwas abseits vom heutigen Zentrum, steht die *Alte Kirche St. Martin,* 1280 erbaut und mit bedeutenden gotischen Fresken geschmückt. Von hier sollten Sie zur *Frühlingsstraße* gehen, Garmischs meistfotografiertes Dorfidyll.

Altstadt von Partenkirchen
Die *Ludwigstraße* ist die alte Haupt- und Durchfahrtsstraße mit schönen Hausfassaden. Ein Abstecher lohnt zur kleinen *Wallfahrtskapelle St. Anton* am Westhang des Wanks auf dem Kreuzweg, wo Sie ein schönes Deckenfresko von Johannes Holzer (1739) entdecken können.

ESSEN & TRINKEN

Zum Rassen
Bayerische Traditionsgaststätte, auch bei Einheimischen sehr beliebt. Speiselokal mit Bauerntheater. *Ludwigstr. 45, Tel. 08821/20 89, tgl.,* €€

ZUGSPITZREGION

Reindl's Restaurant
Traditionsreich, gepflegt und mit gehobener, gemäßigt zeitgemäßer Küche. Gehört zum Firstclass-Hotel *Partenkirchner Hof (64 Zi.). Bahnhofstr. 15, Tel. 08821/94 38 70, www.reindls.de, tgl., €€€*

Staudacherhof
Sympathisches Wellnesshotel ruhig, aber zentrumsnah. Thermen, Bäder, kleiner Garten, Vitalküche. *41 Zi., Apartments, Höllentalstr. 48, Tel. 08821/92 90, Fax 92 93 33, www.staudacherhof.de, € – €€*

EINKAUFEN

Trachten- und Sportmoden finden Sie zwischen *Marienplatz, Kurpark* und (Garmischer) *Bahnhofstraße*, die zum Teil Fußgängerzone ist.

ÜBERNACHTEN

Posthotel Partenkirchen
Schönes altes, aber komfortables Haus mit Bauernzimmern und hinten einem ruhigen Garten. Zzt. keine Küche. *50 Zi., Ludwigstr. 49, Tel. 08821/936 30, Fax 93 63 22 22, www.posthotel.de, €€€*

AM ABEND

Die Jugend trifft sich in der 🏃 *Disco Beck's Stadl (Höllentalstr. 2, Tel. 08821/591 99)*. Konzerte und Kurtheater-Aufführungen finden im Kongresshaus statt *(Eingang Parkstr., Tel. 08821/768 00)*.

FREIZEIT & SPORT

Tennis, Squash, Rafting, Paragliding. Schwimmbäder: *Kainzenbad, Loisachbad, Strandbäder Rießersee* und *Pflegersee, Alpspitz Wellenbad, Hallen- und Freibad beim Eisstadion.*

MARCO POLO Highlights »Zugspitzregion«

★ **Zugspitze**
Viel Aussicht, viele Leute auf fast 3000 m Höhe (Seite 44)

★ **Mittenwald**
Der Obermarkt bietet das geschlossenste Straßenbild Oberbayerns (Seite 45)

★ **Linderhof**
Ludwigs kleinstes »Märchenschloss« (Seite 50)

★ **Freilichtmuseum Glentleiten**
Ein Ausflug in die Vergangenheit (Seite 47)

★ **Hohenpeißenberg**
Ein überwältigendes Panorama (Seite 52)

★ **Wieskirche**
Die schönste Rokokokirche Oberbayerns (Seite 53)

★ **Oberammergau**
Die dörfliche Ruhe zwischen den Passionsspielen hat ihren besonderen Reiz (Seite 48)

★ **Marktstraße**
Farbenfrohe Fassaden im idyllischen Murnau (Seite 46)

GARMISCH-PARTENKIRCHEN

Einmal will jeder auf Deutschlands höchstem Berg gewesen sein

Bergbahn
Die wichtigsten Bergbahnen: die nostalgische *Zahnradbahn* ab *Zugspitzbahnhof*, die *Seilschwebebahn* ab *Eibsee* und die *Gipfelseilbahn* vom *Zugspitzplatt* zum *Zugspitzgipfel*, ferner *Osterfelder-*, *Hochalm-*, *Kreuzeck-* und *Wankbahn*. Fragen Sie nach Sondertarifen, oft wird ein Spezialtarif angeboten.

Eisstadion
Olympia-Eisstadion, mit 4000 m² eine der größten Kunsteisanlagen Europas. *In der Nähe des Zugspitzbahnhofs, Tel. 08821/75 32 91*

Golfplatz AFRC Europe
18-Loch-Anlage. *Am Schwaigwang, Tel. 08821/24 73*

Wintersport
Garmisch-Partenkirchen ist Deutschlands Wintersportplatz Nr. 1. *Alpinskilauf* in vier »Etagen«, schneesicher auf dem Zugspitzplatt, und Langlaufloipen. Austragungsort vieler internationaler Wettkämpfe.

AUSKUNFT

GAP-Tourismus
Richard-Strauss-Platz 1a, Tel. 08821/18 07 00, www.garmisch-partenkirchen.de

ZIELE IN DER UMGEBUNG

Höllentalklamm [109 D5]
Von *Hammersbach* in 3 Std. durch die Schlucht zur *Höllentalangerhütte* und zurück; Variante über *Knappenhäuser* und *Kreuzeck* in 5 Std.

Zugspitze [108 C6]
★ ☆ Wegen der Aussicht vom Gipfel (2964 m): An klaren Tagen sind die *Hohen Tauern,* die Berge der Ostschweiz *(Säntis)* und die Kammlinie des *Böhmerwaldes* zu sehen. Empfehlenswert ist eine Rundfahrt mit Zahnrad- und Seil-

ZUGSPITZREGION

schwebebahn. Start auf der Westseite des Bahnhofs von Garmisch-Partenkirchen. *Auskunft: Bayerische Zugspitzbahn AG, Tel. 08821/79 70, www.zugspitze.de*

MITTENWALD

[109 E5] ★ Verschont vom Durchgangsverkehr sowie verkehrsberuhigt, liebevoll gepflegt und restauriert, stellt sich der historische Ortskern von Mittenwald (8000 Ew.) als herausragendes städtebauliches Kleinod dar.

SEHENSWERTES

Altstadt
Der schöne Kirchturm der *Pfarrkirche St. Peter und Paul* ist das Wahrzeichen von Mittenwald; die Kirche selbst ist ein Bau des Wessobrunners Joseph Schmuzer (1738 bis 40). Auffallend sind die vielen Hausfassaden mit Lüftlmalereien. Besondere Beachtung verdienen die Häuser *Goethestr. 23 (Schlipferhaus)*, *Gries 28/30* mit dem biblischen Gleichnis vom Splitter und vom Balken, *Obermarkt 1 (Gasthaus Alpenrose)*, *Obermarkt 2 (Goethehaus)*, *Obermarkt 4 (Pilgerhaus)* und *Obermarkt 24 (Neunerhaus)*. Die meisten Lüftlmalereien stammen von Franz Zwinck und Franz Karner (1737–1817).

MUSEUM

Geigenbaumuseum
Im Geigenbaumuseum und in den teilweise öffentlich zugänglichen Geigenbauwerkstätten wird die hohe Handwerkskunst aus der Tradition des Matthias Klotz gezeigt, der im 17. Jh. bei den großen Meistern in Italien gelernt hatte. *Ballenhausstr. 3, Di–Fr 10–13, 15–18, Sa/So 10–13 Uhr, Eintritt 2,50 Euro*

ESSEN & TRINKEN

Restaurant Arnspitze
Ein nettes Lokal für Feinschmecker mit einem besonders guten Preis-Leistungsverhältnis. *Innsbrucker Str. 68, Tel. 08823/24 25, Di geschl., Mi ab mittags,* €

ÜBERNACHTEN

Berggasthof Gröblalm
↘ Wunderschöne Lage oberhalb des Ortes, freundliche Atmosphäre. *26 Zi., 1 Apartment, 1 Gartenzimmer mit Liegewiese, Tel. 08823/91 10, Fax 29 21,* €€

Hotel Lautersee
Einsam (wenn die Spaziergänger weg sind) in schönster Lage am gleichnamigen See zu Füßen des Wettersteins. Seezugang, Anfahrt auf Privatstraße. *16 Zi., 1 Suite, 1 Apartment, Am Lautersee 1, Tel. 08823/10 17, Fax 52 46, www.hotel-lautersee.de,* €€

FREIZEIT & SPORT

Schwimmbad, Kunsteisstadion, Tennisplätze, Reiterhof. Alle Arten von Wintersportangeboten.

Dammkarabfahrt
Die berühmte *Dammkarabfahrt* für gute Alpinskifahrer ist 6,5 km lang und damit die längste Deutschlands.

Karwendelbahn
↘ Bergstation 2244 m, unterhalb der Karwendelspitze. Berühmte

Murnau

Aussicht, Restaurant. Ausgangsort für den »Mittenwalder Klettersteig« und die Dammkarabfahrt. *Alpenkorpsstr. 1, Tel. 08823/84 80, www.karwendelbahn.de*

AUSKUNFT

Kurdirektion
Dammkarstr. 3, Tel. 08823/339 81, Fax 27 01, www.mittenwald.de

ZIEL IN DER UMGEBUNG

Jagdschloss Schachen [109 D5]
Das orientalisch anmutende Bauwerk Ludwigs II. steht auf dem 1866 m hohen Schachen und ist nur zu Fuß erreichbar *(von Mittenwald über die Elmau auf dem Königsweg oder, länger, über Lauter- und Ferchensee)*. Nicht weit vom Schloss liegt ein um 1900 angelegter *botanischer Garten* mit rund 1500 verschiedenen Alpenpflanzen.

Murnau

[109 E3] Weiträumig von der Autobahn nach Garmisch umfahren, hat Murnau (11 000 Ew.) fast wieder zu dem beschaulichen Idyll zurückgefunden, das von den »besseren« Sommerfrischlern um 1900 so geschätzt worden war. Ein unvergessliches Bild bietet die ★ *Marktstraße* mit ihren farbenfrohen Giebelhäusern. Die Fußgängerzone zwischen Untermarkt und Griesbräu wird mehrmals jährlich zur Kunstmeile. Für nostalgische Bahnfans fährt seit gut 100 Jahren die Lokalbahn Murnau-Oberammergau, die erste elektrifizierte Bahn Deutschlands, am Moosrand entlang, eingerahmt vom einmaligen Gebirgspanorama.

MUSEEN

Gabriele-Münter-Haus
Erinnerungen an Gabriele Münter, Wassily Kandinsky, Franz Marc und andere Mitglieder der expressionistischen Künstlervereinigung »Blauer Reiter«. Das Haus war 1909–14 Mittelpunkt dieses Kreises; viele berühmte Bilder stammen aus jener Zeit. *Di–So 14–17 Uhr, Eintritt 2,50 Euro*

Schlossmuseum
Das Museum im ehemaligen Pflegschloss hoch über dem Ort dokumentiert Murnaus Rolle als Heimat bedeutender Künstler, die sich von der Voralpenlandschaft, oberbayerischer Tradition und Volkskunst inspirieren ließen. *Di–So 10–17 Uhr, Eintritt 3,50 Euro, www.schlossmuseum-murnau.de*

ESSEN & TRINKEN

Griesbräu *Insider Tipp*
Minierlebnisbrauerei. In der Wirtsstube wird unter anderem köstliches dunkles Bier gebraut und ausgeschenkt. *Obermarkt 37, Tel. 08841/14 22, tgl., www.griesbraeu.de*

Karg's Bräustüberl
Originales Gasthaus mit Hausbrauerei. *Untermarkt 27, Tel. 08841/82 72, Mo geschl., €€*

ÜBERNACHTEN

Alpenhof Murnau
↘ Am Rand des Murnauer Mooses ist der Alpenhof Murnau jetzt noch komfortabler. Neben erst-

ZUGSPITZREGION

Ländliche Idylle wie zu Großvaters Zeiten in Murnau

klassiger Küche bietet das Haus einen großen Wellnessbereich mit Pool, Sauna, Fitnessraum und Kosmetikstudio. Den herrlichen Blick auf Moos und Alpen erhalten Sie kostenlos dazu. *77 Zi., Ramsachstr. 8, Tel. 08841/49 10, Fax 49 11 00, www.alpenhof-murnau.com, €€€*

Hotel Klausenhof am Kurpark
Sympathisches Haus mit Tradition, das von seiner schönen Lage am Kurpark profitiert. *25 Zi., Burggraben 8–10, Tel. 08841/611 60, Fax 50 43, www.klausenhof-murnau.de, €€*

FREIZEIT & SPORT

Murnau ist idealer Standort für herrliche Wanderungen: durch das *Murnauer Moos,* auf den Spuren des »Blauen Reiters« (Informationen beim Verkehrsamt) und um den *Staffelsee.* Der Staffelsee selbst bietet Gelegenheit für alle Arten von Wassersport einschließlich Segeln und Surfen.

Auf der *Insel Buchau im Staffelsee* finden Camper Natur pur. [Insider Tipp] 20 bis 30 Zelte, das Eiland umspielt von Staffelseewellen, freier Blick auf das massive Gebirgspanorama und garantiert kein Straßen- oder Autolärm. Und wer nur per Ruderboot für ein, zwei Stunden den *Inselwirt* besucht, gönnt sich eine echte, deftig-bayerische Brotzeit und eines der besten Weizenbiere des Oberlandes vom Karg in Murnau.

AUSKUNFT

Verkehrsamt
Kohlgruber Str. 1, Tel. 08841/ 614 11, Fax 61 41 21, www.murnau.de, www.blauesland.de

ZIELE IN DER UMGEBUNG

**Freilichtmuseum
Glentleiten** [109 F3]
★ Alte Bauernhäuser, Arbeitsgeräte, Handwerksvorführungen und Sonderausstellungen vermitteln eine wirklichkeitsnahe Anschauung

OBERAMMERGAU

vom traditionellen Leben in Oberbayern. Wunderschöne Lage, 11 km westlich von Murnau, auch Gastwirtschaft. *April–Okt. Di–So 9–18, Juli/Aug. tgl. 9–18 Uhr, Eintritt 4,50 Euro, www.glentleiten.de*

Ramsachkircherl [109 E3]

Zum *Ramsachkircherl (Ähndl)* gelangen Sie in einem 15-minütigen Fußweg entlang der mit alten Eichen bestandenen Kottmüller-Allee. Dies ist das älteste Kirchlein der Region, schon der Heilige Bonifaz soll hier im 8. Jh. gewirkt haben. Das Ähndl birgt Glaskunst früherer Jahrhunderte und ist trefflicher Ausgangspunkt für Wanderungen in Deutschlands größtem Hochmoor, dem *Murnauer Moos*. Wenn Sie sich nach stundenlanger Wanderung an seltensten Orchideenarten satt gesehen haben – bitte nicht abpflücken! –, kehren Sie zurück zur Kirche und gehen jetzt nebenan in die kleine Gaststätte *Ähndl*, die nach einer kulinarischen Durststrecke einen »pfundigen« Wirt hat *(Ramsach 2, Tel. 08841/52 41, € – €€).*

OBERAMMERGAU

[109 D3–4] ★ Südlich des Pfaffenwinkels breitet sich das größtenteils unter Naturschutz gestellte Ammergebirge aus, die »Kinderstube« der jungen Ammer. Das Gebirge hat keine Gipfelprominenz zu bieten, bescheidet sich mit Höhen um die 2000 m und gilt immer noch als Geheimtipp für Wanderer, die dem alpinen Rummel entkommen wollen. Doch im Tal unten konzentriert sich ein Trio weltberühmter Sehenswürdigkeiten: Oberammergau, Kloster Ettal und Schloss Linderhof.

Das Passionsspieldorf Oberammergau (5000 Ew.), Heimat der »Herrgottsschnitzer«, gehört speziell in den USA zu den Top-Sehenswürdigkeiten Deutschlands. Zu den im Abstand von zehn Jahren veranstalteten Passionsspielen strömen Hunderttausende von Besuchern aus aller Welt (2000 waren es 500 000). Anlass für das ganze »Theater« war die Pestepidemie im Jahr 1633, die erst erlosch, als die Gemeindeoberen das Gelübde abgelegt hatten, alle zehn Jahre die Leidensgeschichte Christi (die Passion) aufzuführen. Das Gelübde ist getreulich gehalten worden. Zum Jahr 1930 wurde das große Festspielhaus gebaut. Inzwischen werden die Aufführungen weltweit vermarktet.

SEHENSWERTES

Lüflmalerei

Viele Häuser lassen den Wohlstand des Orts an ihren aufwändigen Wandmalereien erkennen, so das *Geroldhaus* am *Lüftlmalereck* (1778 von Zwinck), die Häuser *Mühlgraben 5, Kleppergasse 5, Ettaler Str. 10* sowie das berühmte *Pilatushaus*.

Pfarrkirche St. Peter und Paul

Von Joseph Schmuzer 1736–42 erbaut. Bemerkenswert sind die Gewölbe- und Kuppelfresken des Augsburger Malers Matthäus Günther, der als Virtuose illusionistischer Architekturmalerei gilt.

Pilatushaus

1784 gelangen Franz Seraph Zwinck raffiniert gemalte Perspektiven, die dem Betrachter dreidimensionale Fassaden am Haus in der Ludwig-Thoma-Straße 10 vorgaukeln.

ZUGSPITZREGION

MUSEUM

Heimatmuseum
Ausstellung von Werken der Oberammergauer Schnitzkunst. Große alte Weihnachtskrippen, Hinterglasmalereien, aber auch moderne Holzbildhauerei. *Di–So 10–17 Uhr, Feb./März geschl., Dorfstraße 8, Eintritt 3,50 Euro, www.oberammergau.de*

ESSEN & TRINKEN ÜBERNACHTEN

Hotel Arnika
Haus im alpenländischen Stil, Zimmer mit Balkon oder Terrasse. *32 Zi., Ludwig-Lang-Str. 21, Tel. 08822/91 10, Fax 911 99, www.hotel-arnika.net,* €€€

Hotel Böld (Ringhotel)
Oase für Freizeitsportler (Tennis, Golf, Wandern). *57 Zi., König-Ludwig-Str. 10, Tel. 08822/91 20, www.hotelboeld.de,* €€€

EINKAUFEN

An Geschäften mit Holzschnitzereien ist in Oberammergau kein Mangel. Im *Pilatushaus* kann man den Schnitzern bei der Arbeit zuschauen.

FREIZEIT & SPORT

Laberbahn
Bergbahn zum Aussichtsberg Laber (1684 m). Von hier aus haben Sie einen schönen Blick in die bayerische Bergwelt und ins Voralpenland. Im Winter schwierige Skiabfahrt, nur für sichere Läufer. *Betriebszeiten tgl. 9–17, Juli/Aug. bis 18 Uhr, Tel. 08822/47 70, www.laberbahn.de*

AUSKUNFT

Verkehrsverband
Eugen-Papst-Str. 9 a, Tel. 08822/923 10, Fax 92 31 90, www.oberammergau.de

Zwincks Meisterwerk: das Pilatushaus mit seinen prächtigen Lüftlmalereien

OBERAMMERGAU

Noch heute das Ziel zahlreicher Wallfahrer: das Benediktinerkloster Ettal

ZIELE IN DER UMGEBUNG

Ettal [109 D4]
Der Kuppelbau der Klosterkirche ist, auch für Laien sofort erkennbar, ein Unikum in Bayern. Schon die erste Kirche, 1370 geweiht, war ein zwölfeckiger gotischer Zentralbau. Im Zeitalter des Barocks, als in Bayern alles modernisiert wurde, ist die Kirche üppig barockisiert und die große Kuppel aufgesetzt worden. So steht sie, teils gotisch, teils barock, in der altbayerischen Landschaft *(Führungen durch Kirche, Kloster, Brauerei nach Anmeldung, Klosterpforte, Tel. 08822/740). Auskunft: Gemeinde Ettal, Tel. 08822/35 34, www.ettal.de*

Linderhof [108 C4]
★ Ludwig II., der »Märchenkönig«, suchte die stillen, von der Welt abgeschiedenen Plätze in seinen Bergen. Auch Schloss Linderhof baute er in die totale Einsamkeit, wenn auch nur 10 km von Oberammergau und Ettal entfernt. Linderhof, in den Jahren 1869–79 nach dem Vorbild von Petit Trianon in Versailles erbaut, ist das kleinste und intimste unter den Schlössern Ludwigs II., das einzige, das zu seinen Lebzeiten fertig geworden ist, und das er wirklich genießen konnte *(im Sommerhalbjahr tgl. 9.00–17.30, im Winterhalbjahr nur bis 16 Uhr, Auskunft Schlossverwaltung, Tel. 08822/920 30).*

Neuschwanstein [108 B4]
Der Abstecher ins Ostallgäu zu einem weiteren, 1869–86 im neuromantischen Stil erbauten Märchenschloss König Ludwigs II. lohnt! In einem Brief an Richard Wagner schrieb Ludwig II.: »Ich habe die Absicht, die alte Burgruine Hohenschwangau bei der Pöllatschlucht neu aufbauen zu lassen, im echten Stil der alten deutschen Ritterburgen, und muss Ihnen gestehen, dass ich mich sehr freue, dereinst dort zu hausen!« Der König hat das

ZUGSPITZREGION

Schloss mit seinem mächtigen Torbau und dem prächtig ausgestatteten Palas nie fertig gesehen. Heutzutage besuchen jährlich über eine Million Gäste das Schloss. *April bis Sept. 9–18, Okt.–März 10–17 Uhr, Eintritt 9 Euro, www.neuschwanstein.de*

PFAFFENWINKEL

[108–109 B–D 1–2] Diese spezielle Landschaft im südwestlichen Eck von Oberbayern hat keine natürlichen oder Verwaltungsgrenzen. Ihr Name besagt nur, dass die Bewohner hier besonders fromm gewesen sein müssen (oder dafür gehalten worden sind), weil Kirchen und Kruzifixe dichter beieinander stehen als irgendwo sonst im Lande. *Auskunft: Fremdenverkehrsverband Pfaffenwinkel, Bauerngasse 5, Schongau, Tel. 08861/77 73, Fax 20 06 78, www.pfaffenwinkel.com*

ZIELE IM PFAFFENWINKEL

Altenstadt [108 B1]
Die *Pfarrkirche St. Michael* ist die einzige vollständig erhaltene romanische Gewölbebasilika Oberbayerns. Die wunderschöne Kreuzigungsgruppe ist unter dem Namen »Großer Gott von Altenstadt« bekannt geworden. Romanischer Taufstein. *Auskunft: Tel. 08861/73 15*

Echelsbacher Brücke [108 C2]
Zwischen Oberammergau und Peiting, bei Rottenbuch findet sich ein einmaliges Straßenbauwerk. Hier führt die Bundesstraße 23 über die größte je gebaute Bogenbrücke der Welt. Mit einer Spannweite von 130 m, 76 m über dem Talgrund, spannt sich das Bauwerk über die Ammerschlucht. Von einer *Aussichtsplattform* ist der Blick frei auf tosende Wasser, tiefgrüne Gumpen und steil abfallende Felsen. In nur 422 Tagen wurde diese Fachwerk-

Lüftlmalerei

Bunte Häuser, alte Bilder

Bei dieser kunstvollen Freskotechnik der Wandmalerei wählten die Künstler früherer Jahrhunderte Motive von Heiligen, Tieren und Landschaften. Die illusionären Darstellungen wirkten oft dreidimensional. Besonders stark hüteten die Maler ihr Geheimnis der Farbzusammenmischung. Die auf dem nassen Putz aufgetragenen Farben verbanden sich beim Abbinden mit der Kalkschicht. Und so wirken sie auch jetzt, nach Jahrhunderten, noch leuchtend frisch. Das wohl bedeutendste Lüftlmalerhaus steht in Oberammergau in der Dorfstraße: das Pilatushaus. Die Lüftlmalerei hatte ihren Höhepunkt in Oberbayern im 18. Jh. Da es in Oberbayern neben den Familiennamen in den Dörfern seit jeher auch Hausnamen gibt und der bekannteste der Lüftlmaler, Franz Seraph Zwinck, im Haus »zum Lüftl« wohnte, wurde seine Kunstfertigkeit zur »Lüftlmalerei«.

PFAFFENWINKEL

konstruktion zwischen 1928 und 1930 gebaut.

Hohen-
peißenberg [108–109 C–D1]
★ Die weithin sichtbare *Wallfahrtskirche Mariä Himmelfahrt* ist um 1620 erbaut worden und besitzt einen monumentalen barocken Hochaltar. Auf dem Kirchendach wurde 1772 die erste Bergwetterwarte eingerichtet. Juwel der Kirche ist die Gnadenkapelle in vollendetem Rokokodekor von 1747, ein Gesamtkunstwerk des bewährten Künstlerteams Franz Xaver Schmädl (Plastik), Matthäus Günther (Deckenfresken) und Joseph Schmuzer (Stuckaturen). Der 988 m hohe Peißenberg ist der berühmteste »Aussichtsbalkon« des bayerischen Voralpenlandes, deshalb auch »Bayerischer Rigi« genannt.

Polling [109 D1]
Ehemaliges *Augustinerchorherrenstift*. Die gotische Hallenkirche aus dem 14. Jh. wurde im 17./18. Jh. im Stil der Zeit umgebaut. Die schönsten Einzelheiten: die Madonna von Hans Leinweber (um 1510), der Hochaltar mit dem Gnadenbild (1623–29) und dem Tassilokreuz der Gründungslegende, das schmiedeeiserne Gitter im Vorraum. Im **Bibliothekssaal des Klosters** (1775–78) werden heute Konzerte veranstaltet. *Auskunft Konzertdirektion Tel. 0881/30 09, www.polling.de*

Paterzell [102 B6]
Über 2000 Eiben stehen in einem der ältesten Wälder Deutschlands. Die Beeren und die tiefgrünen Nadeln der Bäume sind giftig! Schon vor 70 Jahren wurde der einmalige Wald unter Naturschutz gestellt. Kleine Rinnsale und stattliche Bäche durchziehen diese Region. Ein geniales Refugium für Erlebniswanderungen bis hin zu den Schluchten der Ammer.

Rottenbuch [108 C2]
Vom einstigen Kloster blieb die *Stiftskirche Mariä Geburt* erhalten, eine spätgotische Basilika von 1447, die im Rokoko (um 1740) von der unermüdlichen Wessobrunner Familie Schmuzer anmutig-festlich ausgestattet wurde. Die schönen Altarfiguren stammen von Franz Xaver Schmädl. *Auskunft: Tel. 08867/91 10 18, www.rottenbuch.de*

Steingaden [108 B2]
Die *Klosterkirche St. Johannes* (nach 1147) bietet von außen noch das Bild einer romanischen Basilika mit zwei stämmigen Türmen. Die Innenausstattung (1660–1750) zeigt jedoch die Entwicklung des typischen Wessobrunner Dekorationsstils zwischen Barock und Rokoko. Schönste Details sind das Renaissancechorgestühl (1534), Kanzel und Gnadenstuhl in elegantem Rokoko sowie die Deckenfresken von Johann Georg Bergmüller. *Auskunft: Tel. 08862/200, www.steingaden.de*

Weilheim [102 C6]
Die Kreisstadt am Rand des Pfaffenwinkels (18 500 Ew.) profitierte im 17./18. Jh. spürbar von der anhaltenden Baukonjunktur, als deren Folge immer neue Kirchen mit kostbaren Ausstattungen entstanden. Viele gut verdienende Künstler und Handwerker inves-

ZUGSPITZREGION

tierten hier ihre Einnahmen in schöne Häuser, wie sie sich um den Marienplatz mit Mariensäule und Stadtbrunnen konzentrieren.

Das *Stadt- und Pfaffenwinkelmuseum* zeigt Kunst und Kunsthandwerk aus Weilheim und dem Pfaffenwinkel: künstlerisch ganz bedeutend ist Hans Leinbergers Schmerzensmann von 1526 *(Di–So 10–12 Uhr, Marienplatz, Eintritt 2 Euro). Auskunft: Stadtverwaltung, Admiral-Hipper-Str. 20, Tel. 0881/ 68 21 35, Fax 68 21 99, www.weil heim.de*

Wessobrunn [102 B5]

Herzog Tassilo III. gründete 753 das *Benediktinerkloster*, das im frühen Mittelalter zum bedeutenden Kulturzentrum wurde: Die Wessobrunner Gebete sind eines der ältesten deutschen Sprachdenkmäler; ein Gedenkstein erinnert an sie. Im 17./18. Jh. war die Wessobrunner Schule mit ihren überragenden Künstlerfamilien Schmuzer, Zimmermann, Feichtmair in Architektur, Plastik, Stuckatur und auch Freskenmalerei stilprägend im Kirchenbau vor allem Oberbayerns, aber auch weit darüber hinaus. In der Wessobrunner Pfarrkirche hängt ein spätromanischer Kruzifixus an einem baumartigen Kreuz (1250) – eine ergreifende Darstellung.

Wieskirche [108 C3]

★ Ein schlichter Bildstock, das Gnadenbild des gegeißelten Heilands, in dessen Augen – so ist es überliefert – eine Bäuerin Tränen gesehen hatte, wurde zum Anlass einer Wallfahrt, die schnell solche Ausmaße annahm, dass der zuständige Abt von Steingaden eine Wall-

In dem einst riesigen Kloster Wessobrunn wurden die bedeutendsten Künstler der Gegend ausgebildet

fahrtskirche zu bauen beschloss (1745). Er beauftragte die schon berühmten Brüder Zimmermann, Dominikus als Baumeister und Johann Baptist als Maler-Stuckateur, mit dem Bau und der Ausschmückung der Kirche »in der Wies«. Entstanden ist, was längst als die bedeutendste deutsche Rokokokirche gilt und von der Unesco zum Welterbe ernannt wurde. Besonders hervorzuheben sind im Innern die geniale architektonische Verschmelzung von Langhaus und ovalem Kuppelraum und der unvergleich festliche Gesamteindruck der Kirche. *Tgl. durchgehend geöffnet, Tel. 08862/29 30, www.wieskir che.de*

Rund um den Tegernsee

Oberbayerisches Herzland

Hier erfüllt sich immer noch der Traum vom weiß-blauen Paradies

Im »Zweistromland« ist Oberbayern am kernigsten, ungeachtet der Millionen Touristen. Hier gehen die schaurigsten Wilderergeschichten um, wird am innigsten musiziert, ganz unverschnulzt, notabene.

Dieses urbayerische Kernland wird eingerahmt von Isar und Loisach, überragt von der weithin, oft über München hinaus sichtbaren Benediktenwand (1801 m). Hier begegnet man den schönsten Dirndln, Gebirgsschützen und Blaskapellen. Und da sie ja alle ihren Spaß an der Freud' haben wollen, wird an jedem Wochenende, jedem Feiertag irgendetwas mit schmetterndem Trara, Bier und Brotzeit ausgiebig gefeiert.

Bad Tölz

[110 B2–3] Der Hauptort des Isarwinkels (Kreisstadt, 17 000 Ew.) zeigt seinen Besuchern zwei unterschiedliche Gesichter. Auf der einen Isarseite liegt die Bürgerstadt, die, aus einer Fischersiedlung hervorgegangen, sich um die Marktstraße konzentriert. Auf der anderen Isar-

Hort von Geist und Kultur: Kloster Benediktbeuern

Tegernseer Volkstracht

seite breitet sich der neue Badeort aus. Dank rein und stark sprudelnden Jodquellen hat er sich zu einem Heilbad von europäischem Ruf entwickelt. Hervorzuheben ist das traditionsreiche Tölzer Kunsthandwerk, insbesondere die Schreiner, deren schön bemalte Schränke (»Tölzer Kästen«) auf den Isarflößen in alle Welt hinausgeschickt wurden.

SEHENSWERTES

Altstadt
Von der *Isarbrücke* aus zieht sich die *Marktstraße* den Hang hinauf zum Ortsteil *Mühlfeld*. Mit ihren behäbigen Giebelhäusern gehört sie zu den schönsten Straßenzügen Bayerns. Die Hausfassaden unter den weit hervorragenden Dächern sind reich bemalt. Die meisten Häuser stammen aus dem 18. Jh.

BAD TÖLZ

Mit Lüftlmalereien verzierte Hausfassaden in Bad Tölz

Zu den sehenswertesten gehören das *Höflingshaus*, das *Metzgerbräuhaus* und das *Sporerhaus*.

Bad Tölz ist Kulisse für viele Film- und Fernsehproduktionen (»Der Bulle von Tölz«, »Forsthaus Falkenau«). Auf einem zweistündigen geführten Rundgang geht es zu vielen Drehorten bekannter Filme und Serien *(jeden 2. Sa um 10 Uhr, Start am Max-Höfler-Platz 1, Preis 5 Euro, Tel. 08041/78 670)*.

Kalvarienberg
☼ Auf einer Anhöhe nördlich von Bad Tölz steht am Ende eines Kreuzweges (15 Min. von der Isarbrücke) die zweitürmige *Wallfahrtskirche* (1723–32). Von oben hat man einen weiten Blick auf die Berge des Isarwinkels und des Karwendelgebirges. Im Westen schließt sich die *Leonhardskapelle* an (1718–22).

Stadtpfarrkirche Mariä Himmelfahrt
Die spätgotische Hallenkirche, erbaut um 1460, steht bescheiden im Hintergrund des unteren Teils der *Marktstraße*. Sie hat ein sehr schönes Netzgewölbe. Unter den Grabsteinen im Kircheninneren sticht der des Kaspar Winzerer in voller Rüstung besonders hervor; der 1542 Gestorbene war Rat und Statthalter des Herzogs (»Pfleger«) in Tölz.

MUSEUM

Heimatmuseum
Auf fünf Etagen werden Trachten und Erzeugnisse der Tölzer Büchsenmacher, bemalte Möbel sowie zahlreiche bäuerliche Produkte der einheimischen Schnitzer gezeigt. *Altes Rathaus, Eintritt 2 Euro, www.badtoelz.de/heimatmuseum*

ESSEN & TRINKEN

Altes Fährhaus
Idyllischer Platz am Isarufer, 3 km von der Altstadt entfernt. Ambitionierte Küche. Auch 5 Zimmer mit Blick zur Isar. *An der Isarlust 1, Tel. 08041/60 30, Mo/Di geschl., www.schlemmer-atlas.de, €€€*

ÜBERNACHTEN

Haus an der Sonne
Ein kleines Apartmenthotel mit vier Zweibett- und zwei Dreibettzimmern. *Ludwigstr. 12, Tel. 08041/26 09 Fax 08851/61 52 59, www.sonne-toelz.de, €*

RUND UM DEN TEGERNSEE

FREIZEIT & SPORT

Freizeitzentrum Blombergbahn
Bergbahn auf den Hausberg der Tölzer, den Blomberg (1203 m). Wandergebiet, Sommerrodelbahn, 5 km Naturrodelbahn und Abfahrtsskilauf. *Direkt an der B 472, Tel. 08041/37 26, im Sommer tgl. 9–18, im Winter tgl. 9–16 sowie 19–22 Uhr, www.blombergbahn.de*

Kunsteisstadion
Eishockey, Eislauf, Eisstockschießen. *Peter-Freisl-Str., Tel. 08041/20 04*

Schwimmbad
🏃 Erlebnisbad *Alpamare* mit Thermalhallenbad, Thermalsprudelfreibad und Brandungswellenbad. *Tgl. 8–21 Uhr, Ludwigstr. 13, Tel. 08041/79 94 30*

AUSKUNFT

Tourist-Information
Ludwigstr. 11, Tel. 08041/786 70, Fax 78 67 56, www.bad-toelz.de

ZIELE IN DER UMGEBUNG

Aying [104 B5]
Ca. 28 km nördlich von Bad Tölz gibt es seit 1385 in Aying auf dem Anwesen der Familie Inselkammer das Recht, eine Taverne, einen Gasthof mit Restaurant und Fremdenzimmern, zu betreiben. Und moderner denn je und trotzdem traditionell finden Sie hier einen behutsam restaurierten, mehrfach ausgezeichneten Gasthof, in dem frische Köstlichkeiten aus der Region aufgetischt werden *(Brauereigasthof Hotel Aying, 28 Zi., Zornedinger Str.*

MARCO POLO Highlights
»Rund um den Tegernsee«

★ **Zahnradbahn auf den Wendelstein**
Ein Erlebnis: die historische Zahnradbahn (Seite 66)

★ **Schlierseer Bauerntheater**
Lassen Sie sich bestes Theater vormachen, nicht nur von Bauern (Seite 63)

★ **Herzogstand-Heimgarten**
Die schönste Gratwanderung im oberbayerischen Süden (Seite 60)

★ **Franz-Marc-Museum**
Große expressionistische Kunst wird in Kochel am See präsentiert (Seite 58)

★ **Kloster Reutberg**
Kirche mit Blick, Biergarten mit Brotzeit (Seite 58)

★ **Ritterspiele**
Jeden Sommer wieder ein starkes Erlebnis in Kiefersfelden (Seite 67)

★ **Herzogliches Bräustüberl**
Unter hallenden Gewölben die beliebteste Bierquelle am Tegernsee (Seite 65)

★ **Walchensee-Kraftwerk**
Auch für Laien ist die technische Meisterleistung interessant (Seite 60)

Kochel am See

2, Tel. 08095/705, Fax 90 65 66, www.ayinger-bier.de, €€–€€€).

Ebenso modern, errichtet nach den Grundsätzen der Regionalität und Ökologie, ist am Ortsrand von Aying einer der modernsten Brauereibetriebe Europas entstanden. Das Bier, ausgezeichnet mit nationalen und internationalen Preisen, können Sie auf einer einstündigen Führung durch die Brauerei probieren. Hier heißt es zwischen Sudkesseln, Gärbottichen und Hefekulturen: fühlen, riechen und schmecken *(Erlebnisbrauerei, Führungen Di um 11, Do 18, Sa 10 Uhr, Gruppen ab 15 Personen nach Vereinbarung, Münchner Str. 21, Tel. 08095/88 90, Fax 88 95, Eintritt 6 Euro, www.ayinger-bier.de).*

Hechenberg [110 B2]

10 km nördlich von Bad Tölz liegt ein wenig Südtirol in Oberbayern. Hügellandschaft und Bewuchs erinnern an exponierte Südhanglagen jenseits der Alpen. Im Biergarten vom *Moarwirt* sitzen Sie wie auf einem riesigen Balkon, und die Speisekarte kann sich sehen lassen: Bodenständige, traditionelle Gerichte werden hier auf hohem Niveau gekocht, gewürzt mit einer Prise altbayerischer Biergartenkultur *(Moarwirt Hechenberg, Tel. 08027/10 08, im Sommer tgl., €€).*

Insider Tipp

Jachenau [110 A–C4]

Auffallend schöne Einzelhöfe sind über das rund 25 km südlich von Bad Tölz gelegene Jachenautal verstreut. Star unter ihnen: der 300 Jahre alte *Luitpolder Hof* mit seinen gemalten Spruchweisheiten. *Auskunft: Fremdenverkehrsverein, Tel. 08043/91 98 91, Fax 919 84 13, www.jachenau.de*

Kloster Reutberg [110 C2]

★ Das Franziskanerinnenkloster liegt herrlich vor den Bergen nahe des Kirchsees 10 km nördlich von Bad Tölz. Die Kirche stammt von 1733–35, im Kloster ist die älteste Apotheke Deutschlands. Schöner Biergarten mit alten Kastanien, einfacher Brotzeit, Bier aus der Klosterbrauerei und Ausblick *(Tel. 08021/86 86, €).*

Sylvenstein-Stausee [110 B–C5]

Die Isarregulierung zur Vermeidung von Überschwemmungen hat zur Anlage dieses 22 km südlich von Bad Tölz gelegenen Stausees geführt. Mit seinen Buchten und grünen Ufern wirkt der See ganz natürlich. Er ist vor allem bei Surfern beliebt, aber auch bei abgehärteten Badefreunden.

Kochel am See

[110 A4] Der freundliche Luftkurort (5000 Ew.) am Nordostufer des Kochelsees hat eine schöne Zwiebelturmkirche, St. Michael geweiht, vom Ende des 17. Jhs. Interessanter werden die meisten Besucher das Denkmal für den »Schmied von Kochel« finden. Es erinnert an den tapferen Balthes, der 1705 beim blutigen Kampf in der »Sendlinger Mordweihnacht« gegen die Österreicher als Letzter die bayerische Fahne hochhielt.

MUSEUM

Franz-Marc-Museum

★ Der in München geborene, expressionistische Maler hat zeitweise in Ried bei Kochel gelebt und ist auf dem Kocheler Friedhof begraben.

RUND UM DEN TEGERNSEE

»Heut' trimm i mi im trimini...« – Badelandschaft des »trimini« am Kochelsee

Über hundert Werke aus seinem Nachlass und anderer Mitglieder der »Blauen Reiter« werden gezeigt. *Herzogstandweg 43, März bis Mitte Jan. Di–So 14–18 Uhr, Eintritt 4 Euro, www.franz-marc-museum.de*

ÜBERNACHTEN

Seehotel Grauer Bär
Von dem etwa 1 km südlich des Ortszentrums an der Kesselbergstraße gelegenen Haus hat man einen schönen Blick auf See und Berge. *28 Zi., Mittenwalder Str. 82, Tel. 08851/925 00, Fax 92 50 15, Mi geschl., www.grauer-baer.de, €€*

FREIZEIT & SPORT

Erlebnisbad trimini
Am nördlichen Seeufer liegt die großzügige Freizeitanlage mit verschiedenen Badebecken und 160 m langer Wasserrutsche. *Seeweg 2, Tel. 08851/53 00, Di–Fr 9–21, Sa–Mo 9–20 Uhr, www.trimini.de*

AUSKUNFT

Tourist Info
Kalmbachstr. 11, Tel. 08851/338, Fax 55 88, www.kochel.de

ZIEL IN DER UMGEBUNG

Benediktbeuern [110 A3]
Das rund 8 km nördlich gelegene, 739 gegründete Kloster war eine der ältesten und bedeutendsten Benediktinerabteien des Landes. Hier entstanden die »Carmina Burana«, die größte mittelalterliche Liedersammlung. Die heutige Klosteranlage stammt im Wesentlichen aus der 2. Hälfte des 17. Jhs. Hervorzuheben sind die Festsäle in Konvent- und Prälatenbau, die frühbarocke *Klosterkirche St. Benedikt* (1680–83) und das lichtdurchflutete Oval der *Anastasiakapelle*, ein Rokokokleinod von Johann Michael Fischer, erbaut 1751–58.

Im ehemaligen Waschhaus des Klosters ist die Historische Fraunhofer Glashütte mit zwei originalen

Insider Tipp

Kochelsee und Walchensee

Hafenschmelzöfen zu besichtigen *(Don-Bosco-Str. 1, tgl. 9–17 Uhr, Eintritt frei)*. Regelmäßig finden im Kloster Konzerte sowie kulturgeschichtliche Ausstellungen statt. *Auskunft und Veranstaltungsplan: Tel. 08857/880, www.kloster-benediktbeuern.de.*

Kochelsee und Walchensee

[109 F3–4] Die beiden Seen sind untereinander durch die 6 km lange *Kesselbergstraße* verbunden. Sie führt über 36 Kurven von Kochel (610 m) nach Urfeld (802 m). Oberhalb von Urfeld erinnert ein Denkmal an Johann Wolfgang von Goethe, der hier 1786 am Anfang seiner »italienischen Reise« den Blick über den See und auf die Berge genoss.

Der *Walchensee* ist der größte und mit 192 m auch tiefste Bergsee in Deutschland. In seinem kalten, klaren und sauberen Wasser spiegeln sich die Berge ringsum. Einmalig ist die Pflanzenwelt auf der kleinen *Insel Sassau* (Naturschutzgebiet). Das Dorf *Walchensee* am Westufer ist ein Erholungsort mit einigen Badeplätzen, Boots- und Surfbrettverleih. *Auskunft: Tourist Info, Ringstr. 1, Tel. 08858/411, Fax 275, www.walchensee.net*

Die weiten Sumpfgebiete im Norden lassen erkennen, dass der heute 6 km^2 große *Kochelsee* nach der Eiszeit viel größer war. Außer an den Badeplätzen auf der Ostseite sind seine Ufer schwer zugänglich. *Juni–Sept. tgl. vier Schiffsrundfahrten, Dauer 75 Min., Auskunft: Tel. 08851/338*

SEHENSWERTES

Herzogstandbahn [109 F3–4]
Beliebt ist die ↯ *Herzogstandbahn,* die vom Ort Walchensee aus zum *Fahrenbergkopf* (1627 m) führt *(tgl. 9–16.45 Uhr, Tel. 08858/236).* Von dort können Sie zum *Herzogstandgipfel* (1731 m) spazieren; vom Kesselbergsattel aus gibt es einen Reitweg.

Die Gratwanderung ★ ↯ *Herzogstand–Heimgarten* mit Abstieg nach Walchensee ist nur schwindelfreien und ausdauernden Bergwanderern mit guter Kondition zu empfehlen. Diese werden jedoch mit sensationellen Weitblicken in Richtung Österreichische Alpen, Starnberger See, Ammer-, Kochel- und Walchensee belohnt. Auf der anderen Seite des Kesselbergsattels ist der *Jochberg* (1567 m) ebenfalls ein beliebtes Bergwanderziel (2,5 Std.).

Walchensee-Kraftwerk [109 F3]
★ Das 1918–24 erbaute Walchensee-Kraftwerk, das die 200 m Gefälle zwischen Walchen- und Kochelsee nutzt, um bis zu 120 MW Strom zu produzieren, ist noch heute eine Meisterleistung technischer Baukunst *(Infozentrum tgl. 9–17 Uhr, Tel. 08851/770).*

Rottach-Egern

[111 D3] Der Doppelort (4000 Ew.) breitet sich am Südende des Tegernsees aus. Unbestritten ist er der führende Ort am See, wenn es um Betrieb, Unterhaltung, Nobelmarken und Prominenz geht. Wer das aktive und vitale Leben in Rottach-Egern einmal kennt, wird dort oft und gern zu Gast sein.

RUND UM DEN TEGERNSEE

SEHENSWERTES

Pfarrkirche St. Laurentius
Die spätgotische Pfarrkirche ragt spitztürmig am Seeufer auf. Prachtstück ist ihr barocker Hochaltar (1690). Umgeben wird sie von einem berühmten Friedhof, auf dem neben Bauernfamilien auch die Schriftsteller Ludwig Thoma und Ludwig Ganghofer, der Sänger Leo Slezak und der Maler Olaf Gulbransson begraben sind.

ESSEN & TRINKEN

Bachmair-Weissach
Unter altem Namen neue Gemütlichkeit in stilvoll renovierten Gaststuben. *Wiesseer Str. 1, Tel. 08022/ 27 80, Fax 27 85 50, €€–€€€*

Egern 51
Bar/Bistro mit Köstlichkeiten vom Holzkohlengrill direkt am Tegernsee. Auch wenn die Gartenpalmen aus Plastik sind, mediterranes Ambiente wie an den Oberitalienischen Seen. *Seestraße 51, Tel. 08022/66 02 57, Di geschl., €–€€*

Hubertusstüberl
Im *Parkhotel Egerner Hof*. Die bayerisch-bürgerliche Variante zum Gourmetlokal *Dichterstub'n* ist im selben Haus. *Aribostr. 19–25, Tel. 08022/66 60, €€€*

Weißachalm
Insider Tipp

Alm mit typischen holzgetäfelten Räumen und einer traumhaften Terrasse. Mitten im Wander- und Radlparadies »Bavarcia Tyrolensis« zwischen Rottach-Egern und Wildbad Kreuth gelegen. Feine regionale Küche zu fairen Preisen. *Tel. 08029/335, Mo/Di geschl., €*

EINKAUFEN

In den Geschäften und Boutiquen an der *Hauptstraße* sowie an der

Traumhafter Blick auf Rottach-Egern: Hoch hinauf geht's mit der Wallbergbahn

SCHLIERSEE

Seestraße von Rottach-Egern ist die Auswahl an Nobelprodukten in den eleganten Geschäften fast so groß wie in München.

ÜBERNACHTEN

Dorint Seehotel Überfahrt
Großzügig gebautes Haus, gut in die Landschaft eingepasst. Geräumige Zimmer im eleganten Landhausstil mit luxuriösen Marmorbädern. 2000 m² großer Wellnessbereich, Innen- und Außenschwimmbad. *188 Zi., Überfahrtstraße 10, Tel. 08022/66 90, Fax 669 10 00, www.dorint.de/tegernsee,* €€€

Gästehaus Maier/Zum Kirschner
Schönste Lage am Seeufer. *31 Zi., Seestr. 23, Tel 08022/671 10, Fax 67 11 37, www.hotel-maier-kirschner.de,* €€

Parkhotel Egerner Hof
Nobles Haus mit eigenem Seezugang, Park, Beautyfarm, Sauna, Pool und drei Restaurants. *94 Zi., Aribostr. 19–21, Tel. 08022/66 60, Fax 66 62 00, www.egerner-hof.de,* €€€

Villa Svendsen
Angenehme Garni-Unterkunft in ruhiger Lage. *10 Zi., Fürstenstr. 30, Tel. 08022/269 41,* €€

FREIZEIT & SPORT

Alle modernen Einrichtungen eines heilklimatischen Kurorts stehen zur Verfügung. Öffentliches Strandbad mit beheiztem Großschwimmbecken. Tennisplätze, Reitställe.

Wallbergbahn
Vom Ortsteil Obernach kann man mit der Kleinkabinenbahn zum 1620 m hohen *Wallberghaus* (Restaurant) fahren und gute Wanderungen unternehmen. Vom nahen *Wallberggipfel* haben Sie einen herrlichen Blick über den See, an klaren Tagen bis nach München. *Sommerbetrieb tgl. 8.45–17, Winterbetrieb tgl. 8.45–16.30 Uhr, Tel. 08022/240 86*

AM ABEND

Nightclub im Hotel *Bachmair am See*. Bands und Gastspiele. *Seestr. 47, Tel. 08022/27 20*

AUSKUNFT

Kuramt
Im Rathaus, Nördliche Hauptstr. 9, Tel. 08022/67 13 41, Fax 67 13 41, www.rottach-egern.de

SCHLIERSEE

[111 E3] Der von bewaldeten Bergen umgebene Schliersee gilt als ländliches Pendant zum mondänen Tegernsee. Der Markt *Schliersee* (6000 Ew.) am Nordufer des Sees ist aus einem 1141 gegründeten Augustinerchorherrenstift hervorgegangen und hat sich in neuerer Zeit zu einem liebenswürdigen Kurort entwickelt. Den schönsten Blick auf Ort, See und Umgebung gibt's von der *Schliersbergalm* (1061 m, mit Gondelbahn). Oben warten Hotel, Restaurant – und für den Rückweg die vergnügliche Sommerrodelbahn. Schliersee besitzt auch ein modernes *Kurzentrum* mit Hallenbad, Sauna und medizinischen Anwendungen *(Perfallstr. 4, Mo–Mi, Fr 14–20, Do, Sa, So 10–20 Uhr, Tel. 08026/69 02).*

RUND UM DEN TEGERNSEE

SEHENSWERTES

Alt-Schliersee
Im Ortsbild fallen das spätgotische *Schrödelhaus* auf (Heimatmuseum), das schönste Haus von Alt-Schliersee, das *Rathaus* (15. Jh.), und das originelle ★ *Schlierseer Bauerntheater*, 1892 erbaut, in dem immer noch Theater gespielt wird, und das sich durch Neuinszenierungen gehaltvoller oberbayerischer Geschichtsthemen auszeichnet *(Tickets bei Schreibwaren Huber, Lautererstr.10, Tel. 08026/ 47 07).*

Enzianbrennerei Lantenhammer
Führungen durch die Brennerei und Destillerie mit Schnapsprobe immer freitags 15 Uhr, samstags 11 Uhr. *Anmeldung Tel. 08026/66 75*

Pfarrkirche St. Sixtus
Die romanische Stiftskirche (12. Jh.) ist nach 1712 in festlichem Rokoko umgestaltet worden. Stuck und Fresken sind Frühwerke von Johann Baptist Zimmermann. Der geschnitzte Gnadenstuhl soll von Erasmus Grasser sein (um 1500), die gemalte Schutzmantelmadonna von Jan Polack (vermutlich 1495).

AUSKUNFT

Gästeinformation Schliersee
Bahnhofstr.11 a, Tel. 08026/606 50, Fax 60 65 20, www.schliersee.de

ZIELE IN DER UMGEBUNG

Miesbach [111 D2]
Die kleine Kreisstadt (11 000 Ew.) rund 12 km nördlich vom Schliersee spiegelt das typische Oberbayern wider. Das beweist schon der

Das Grab des legendären Wildschützen Jennerwein mit der Kirche St. Sixtus

über 30 m hohe, weiß-blaue Maibaum, einer der größten »Zunftstangen« Bayerns. Von hier aus eröffnen sich Reisewege ins Tegernseer Tal und ins Schlierseegebiet. Aber Miesbach hat selbst genug zu bieten: Am historischen Stadtplatz und in den engen Gässchen der Altstadt finden sich viele noble und alteingesessene Geschäfte, die Kunden aus dem weiten Umkreis anlocken. Miesbach hegt und pflegt die altbayerische Markttradition. Auf den Wochenmärkten bieten Landwirte, Obstbauer und Imker ihre Ware feil, und auf den Jahrmärkten gibt es alles vom Anzug bis zum Zugseil. Berühmt ist der große jahrhundertealte Roß- und Viechmärckt.

Wollen Sie weit weg von Landhausstil und Rüschchenkitsch echte oberbayerische Tracht kaufen? Zwei

63

TEGERNSEE

Es war ein Schütz ...

**Auch heute noch Pilgerstätte:
Das Grab des Wildschützen Jennerwein**

»Es war ein Schütz in seinen besten Jahren ...!« So wird er in Oberbayern noch heute besungen, der Wildschütz Jennerwein. Jagdfrevel war zu seiner Lebzeit, um die Mitte des 19. Jhs., nicht nur eine illegal-notwendige Art für arme Bürger, Nahrungsmittel zu ergattern, die Wilderei war auch Synonym für »schneidige« Burschen, die sich von niemandem unterdrücken ließen – von der Obrigkeit schon gar nicht. Hinterlistig streiften die Wilderer mit ihren Gewehren durch die Wälder und erlegten so manchen kapitalen Hirschen. Man fragt sich jedoch, warum jener Georg, genannt »Girgl«, Jennerwein jetzt noch verehrt wird. Sein Tod gibt bis heute Rätsel auf: Am 6. November 1877 wurde er laut Gerichtsakten von seinem früheren Freund Johann Pföderl auf einer Waldlichtung am Peißenberg erschossen. Noch heute pilgern fast täglich Menschen zum Grab des Jennerwein in Schliersee.

Miesbacher Säckler machen hier (*Insider Tipp*) wunderschöne Lederhosen: *Lederhosen Moser (Frauenhoferstr. 6)* und *Lederhosen Seidl (Frühlingsstr. 5)*.

Spitzingsee [111 E4]

Über die Ortsteile Fischhausen und Neuhaus sowie die Spitzingstraße erreicht man nach 11 km den Spitzingsee, ein Ganzjahresrevier: im Sommer und Herbst für Wanderer, im Winter und Frühjahr für Skifahrer. Der See selbst ist zum Baden zu kalt, wurde jedoch neuerdings von den Surfern entdeckt. Die bekanntesten Gipfel ringsum: *Stümpfling, Bodenschneid, Taubenstein* und *Rotwand,* mit 1884 m der höchste von allen. Ein komfortables Haus ist das *Arabella Sheraton Alpenhotel* mit Hallenbad, Tennisplatz und, im *Josephi-Grill,* guter Küche *(122 Zi., Spitzingstr. 5, Tel. 08026/79 80, Fax 79 88 79, Restaurant 12–14, 18–21 Uhr, €€€).*

TEGERNSEE

[111 D3] In der Meinung, dass der Tegernsee nach oder neben dem Königssee Oberbayerns schönster See sei, stimmen die meisten Kenner überein. Sein Ruf wird nur dadurch ein wenig beeinträchtigt, dass sich hier Schickimickis, Abschreibungsmillionäre und Politprofiteure in beträchtlicher Zahl angesiedelt haben. Doch was kann der See dafür, dass er so schön ist? Dass die ihn umstehenden sanften grünen Berge sich so friedlich in seinem klaren blauen Wasser spiegeln?

Der Tegernsee ist nicht groß: 6 km lang, bis zu 2 km breit. Dank der Ringkanalisation besitzt er eine überdurchschnittlich gute Wasser-

RUND UM DEN TEGERNSEE

qualität, doch Baden ist faktisch nur in den Strandbädern möglich. Die Ufer sind nur an wenigen Stellen frei zugänglich. Schön ist daher eine Fahrt mit einem der kleinen weißen Motorboote, die die vier Hauptorte am See miteinander verbinden *(Bayerische Schifffahrt Tegernsee, Seestr. 70, Tel. 08022/86 55 46).*

Seit 2002 verkehrt auf dem Tegernsee ein Partyschiff der Tegernseeschifffahrt. Auf den schwimmenden Gourmettempeln kann man tanzen, schlemmen und die Landschaft genießen *(www.tegernsee.de).*

Der Markt und Kurort Tegernsee (4000 Ew.) war einst »erster Platz« am See.

SEHENSWERTES

Schloss und Kloster St. Quirin
Von dem im Jahr 746 im Ort Tegernsee gegründeten *Benediktinerkloster* ist nicht viel erhalten geblieben. Nur die einstige *Klosterkirche St. Quirin* und das aus dem Kloster hervorgegangene frühere *Schloss* der Herzöge von Bayern, in dem heute ein Gymnasium mit Internat, das *Heimatmuseum* und das *Herzogliche Braustüberl* untergebracht sind, stehen noch.

ESSEN & TRINKEN

Bischoff am See
↯ Elegantes Gourmetrestaurant direkt am See mit sehr guter Küche. Ein Lokal für besondere Anlässe. *Schwaighofstr. 53, Tel. 08022/ 39 66 tgl. 12–14 und 18–22 Uhr, www.bischoff-am-see.de,* €€€

Herzogliches Bräustüberl
★ ↯ Unter alten, hallenden Gewölben die berühmteste Bierschän-ke weit und breit, bei Bayern und Preußen gleichermaßen beliebt. Schau'n Sie doch mal rein! *Im Schloss, Tel. 08022/41 41, tgl.,* €€

ÜBERNACHTEN

Hotel Fackler
↯ Im oberen Ortsteil, schöne Lage, Zimmer teilweise mit Seeblick. *25 Zi., Karl-Stieler-Str. 14, Tel. 08022/917 60, Fax 91 76 15, www.hotel-fackler.de,* €€

FREIZEIT & SPORT

Reiten, Tennis, Squash. Strand- und Freibad. Hallenbad im Kurmittelhaus. Schönster Badeplatz ist die kleine *Halbinsel Point* im Süden, vom Ortszentrum in zehn Minuten zu Fuß zu erlaufen. Doch in Tegernsee kann man den See auch von weiter oben genießen, z. B. vom Aussichtspunkt ↯ *Großer Paraplui* aus, der 100 m über dem Ort liegt und ebenfalls in wenigen Minuten zu erreichen ist.

AUSKUNFT

Kuramt/Haus des Gastes
Hauptstr. 2, Tel. 08022/18 01 40, Fax 37 58, www.tegernsee.de

ZIELE UM DEN SEE

Bad Wiessee [111 D3]
Anfang dieses Jahrhunderts hat das Bauerndorf am Westufer Karriere zu machen begonnen mit der Entdeckung der ergiebigen Jod- und Schwefelquellen, die bei Herz- und Kreislaufstörungen, Rheuma sowie Erkrankungen der Atmungsorgane und bei Augenkrankheiten wirksam sind. *Auskunft: Kuramt, Adrian-*

65

WENDELSTEINGEBIET

Stoop-Str. 20, Tel. 08022/860 30, Fax 86 03 30, www.bad-wiessee.de

Gmund [111 D3]

☼ Am Nordende des Sees gelegen, bietet Gmund den schönsten Blick über den See und die Berge dahinter. Die *Pfarrkirche St. Ägidius* gehört zu den weniger bekannten Kostbarkeiten am See. Der Barockbau aus dem späten 17. Jh. birgt Kunstschätze von hohem Rang, so ein Dreikönigsrelief von 1520 und ein Holzrelief des Barmherzigen Samariters (1763) von Ignaz Günther.

Neureut [111 D3]

☼ Eine Wanderung auf Tegernsees »Hausberg«, die Neureut (1264 m), wo Sie auch ein Wirtshaus erwartet, sollten Sie nicht versäumen.

WENDELSTEINGEBIET

[112 A–B 3–4] ☼ Eindrucksvoll ragt der felsengraue Charakterkopf des Wendelsteins ins Voralpenland hinein. Seine exponierte Lage in 1838 m Höhe mit prächtiger Fernsicht hat ihm zahlreiche technische Anlagen eingebracht, so ein Sonnenobservatorium, eine Wetterwarte, eine Rundfunkstation und Fernsehantenne.

Verglichen damit stellen *Wendelsteinhaus* (erbaut 1883) und *Wendelsteinkapelle* (1889) altehrwürdige Einrichtungen dar. Von *Brannenburg* aus rattert seit 1912 die nostalgische ★ *Zahnradbahn auf den Wendelstein* hinauf *(Fahrzeit 25 Min.).* Die *Großkabinenbahn* auf der Südseite braucht nur 6 Minuten, ist aber als Alternative zu verstehen, nicht als Konkurrenz. Übrigens: Man kann den Wendelstein immer noch zu Fuß besteigen! *www.wendelstein-ist-inn.de*

ZIELE IM WENDELSTEINGEBIET

Bayrischzell [112 A3]

Es gibt gute Gründe dafür, Bayrischzell als Oberbayerns schönstes Bilderbuchdorf zu bezeichnen. Im Mittelpunkt steht, alles überragend, der spitze, spätgotische Kirchturm der *Pfarrkirche St. Margaretha*, um die sich die Häuser des Dorfes scharen wie die Küken um die Glucke. Ein echtes ist Bayrischzell schon lange nicht mehr, auch wenn Tradition und Brauchtum gepflegt werden und der Ort mit dem ältesten Trachtenverein Deutschlands (seit 1883) aufwarten kann. Doch die Umwandlung in einen Ferienort ist gut gelungen. *Auskunft: Kurverwaltung, Kirchplatz 2, Tel. 08023/ 648, Fax 10 34, www.bayrisch zell.de*

Im Ortsteil *Osterhofen*, gut ausgeschildert, führt eine Autostraße zu einem der schönsten Ausflugscafés der Region. Auf knapp 1000 Höhenmetern bietet der ☼ *Berggasthof Sigl* »Schmankerl« aus der Region *(€).* Weit reicht der Blick von der Westflanke des Wendelsteins ins Tal Richtung Schliersee. [Insi Tip]

Brannenburg-Degerndorf [112 A–B3]

Beliebter Sommer- und Winterkurort im Inntal mit einem bemerkenswerten Wahrzeichen: der *Biber*, einer 50 m hohen, 10 Fußballfelder großen, frei aus der Talsohle aufragenden *Nagelfluhwand*. An ihre Südseite lehnt sich die *St.-Magda-*

Rund um den Tegernsee

lenen-Klause mit Kapelle (erbaut 1629). Hier ist die Talstation der Wendelstein-Zahnradbahn.

Für alle Hobbyastronomen lockt der Wendelstein das Freilichtobservatorium. Die Münchner Universitätssternwarte projiziert auf der *Wendelsteinbergterrasse* (1724 m) u.a. Livebilder vom Mond auf eine Großleinwand. Astrophysiker machen auch Laien komplexe Zusammenhänge des Universums verständlich. *www.wendelstein-observatorium.de:8002*

Ein lohnender 90-Minuten-Spaziergang führt auf schattigem Waldweg zur Rokoko-Wallfahrtskirche *St. Maria Schwarzlack* (1767) in schöner Lage über dem Inntal.

Gutbürgerliche Küche und gemütliche Zimmer gibt es im *Gasthof zum Schloßwirt* mit eigener Metzgerei und schönem Biergarten *(15 Zi., Kirchplatz 1, Tel. 08034/ 707 10, Fax 707 11 28, €–€€). Auskunft: Verkehrsamt, Rosenheimerstr. 5, Tel. 08034/45 15, Fax 95 81, www.brannenburg.de*

Oberaudorf [112 B4]

Der Luftkurort im Inntal ist der Tiroler Grenze nahe und öffnet auch schon Perspektiven auf Wilden und Zahmen Kaiser. Das alte Dorf mit hübsch bemalten Häusern schart sich um den Burgberg, wo noch Reste der frühmittelalterlichen Auerburg zu sehen sind. *Auskunft: Verkehrsamt, Kufsteiner Str. 6, Tel. 08033/301 20, Fax 301 29*

Sudelfeld [112 A3]

Bis zu 1500 m hohes Ausflugsziel für Spaziergänger und Bergwanderer. Im Winter beliebtes Wintersportgebiet der Münchener. *www.sudelfeld.de*

ZIELE IN DER UMGEBUNG

Fischbachau/Birkenstein [111 E3]

Das malerische Dorf *Fischbachau* im Leitzachtal sticht durch seine alten Bauernhöfe und seine Lüftlmalereien ins Auge. Die als Kirche eines Benediktinerklosters errichtete *Pfarrkirche St. Martin*, ein ursprünglich romanischer Bau aus der Zeit um 1100, erhielt im 18. Jh. eine wunderschöne Spätbarock- und Rokokoausstattung; der prachtvolle Hochaltar kam gegen 1770 hinzu.

Die *Wallfahrtskirche Birkenstein*, 1 km taleinwärts auf der Höhe gelegen, ist dem »Heiligen Haus« (Casa Santa) in Loreto in Mittelitalien nachgebildet. Unterhalb der Wallfahrtskapelle steht das *Café Seidl*, noch heute im unverfälschten Stil der 1930er-Jahre.

Interessant ist auch die historische *Gebirgsmühle in Birkenstein*. Ein Bergbauer hat vor 70 Jahren ein Mini-Technikmuseum errichtet. In der Gebirgsmühle mit funktionsfähigen Figuren wird die Leinölgewinnung früherer Jahrhunderte gezeigt *(Mai–20. Okt. Sa–Do, gegenüber vom Gasthof Oberwirt in Birkenstein). Auskunft: Tourismusbüro, Kirchplatz 10, Fischbachau, Tel. 08028/876, Fax 90 66 43, www.fischbachau.de*

Kiefersfelden [112 B4]

Das Dorf an der Grenze ist durch seine bäuerlichen ★ *Ritterspiele* berühmt geworden, die seit 1618 auf einer historischen Bühne aufgeführt werden und heute Attraktion für alle Theaterfreunde sind. Gespielt wird im Juli und September. *Auskunft: Verkehrsamt, Tel. 08033/ 97 65 27, Fax 97 65 44, www.kiefersfelden.de*

DER CHIEMGAU

Hier dreht sich alles um den Chiemsee

Eine Kulturlandschaft, die auch Sportliebhabern und Freunden guter Küche einiges zu bieten hat

Der Chiemgau ist leicht definiert: der See in der Mitte und alles ringsum, was sich dazugehörig fühlt. Die Schriftstellerin Isabella Nadolny hat das Gebiet am anschaulichsten eingegrenzt: so weit die Chiemgauer Berge zu sehen sind und noch überall da, wo auf den Votivbildern in den Dorfkirchen für die glückliche Errettung aus den grimmigen Wogen des Sees gedankt wird. Ausführliche Informationen zum Chiemgau finden Sie im MARCO POLO »Chiemgau/Berchtesgadener Land«.

Mit der Gondel ganz nach oben ...

BURGHAUSEN

[107 E2] Eindrucksvoll wird die Stadt (19 000 Ew.) von Deutschlands längster Burganlage überragt, die den schmalen Altstadtstreifen zwischen Burgberg und Salzach von der Neustadt mit Wohnvierteln und Industrieanlagen trennt.

SEHENSWERTES

Altstadt
Der schöne, lang gestreckte *Stadtplatz* ist ein würdiger Zeuge süd-

Die Fraueninsel im Chiemsee

deutscher Stadtkultur. Beeindruckend sind auch das *Rathaus* und das ehemalige kurfürstliche *Regierungsgebäude* mit Wappen und originellem dreitürmigen Giebel (Mitte 16. Jh.). An den Wohnbauten sind die charakteristischen Grabendächer der Inn-Salzach-Architektur zu entdecken. Drei Kirchen setzen weitere Akzente: *Jesuitenkirche und -kolleg St. Joseph* (um 1630), die *Pfarrkirche St. Jakob* (14.–16. Jh.) und die *Schutzengelkirche der Englischen Fräulein* (1731).

Burg
Die 1030 m lange Burganlage, die Sie am besten vom nördlichen Tor her »erobern«, entstand im 12.–15. Jh. Sie diente den in Landshut residierenden Herzögen von Niederbayern als zweite Residenz, als Bollwerk gegen Angriffe aus dem Osten, als

CHIEMSEE

Schatzkammer und als Verbannungsort für lästig gewordene Ehefrauen.

ESSEN & TRINKEN ÜBERNACHTEN

Hotel Post
Traditionsreiches Haus, zentral gelegen, Restaurant mit Biergarten. *24 Zi., Stadtplatz 39, Tel. 08677/ 96 50, Fax 96 56 66, www.altstadt hotels.net,* €€

AUSKUNFT

Verkehrsamt
Stadtplatz 112, im Rathaus, Tel. 08677/24 35, Fax 88 71 55, www. burghausen.de

ZIELE IN DER UMGEBUNG

Altötting [107 D1–2]
Die 12 000-Einwohner-Stadt im nordöstlichsten Oberbayern, rund 15 km von Burghausen entfernt, ist nicht gerade eine Schönheit, aber dennoch attraktiv. Der scheinbare Widerspruch erklärt sich durch die Anziehungskraft von Bayerns ältestem und bedeutendstem Wallfahrtsort auf jährlich eine halbe bis eine Million vorwiegend bayerischer Pilger und Pilgerinnen, die sich betend oder singend auf dem *Kapellplatz* und in der ★ *Gnadenkapelle* vor der »Schwarzen Madonna« drängen. Kostbarster Besitz der *Gnadenkapelle* ist das als wundertätig verehrte Gnadenbild der »Schwarzen Madonna«. Der Schöpfer der um 1330 geschnitzten und bemalten Statuette ist unbekannt.

Unter den Kirchen, die den Kapellplatz einrahmen, ist die spätgotische *Stifts- und Wallfahrtskirche St. Philipp und Jakob* (um 1500) am bemerkenswertesten. Sie birgt u. a. die Kapelle zur Erinnerung an Feldmarschall Tilly, den berühmten und gefürchteten Heerführer der katholischen Liga im Dreißigjährigen Krieg. In der einstigen Sakristei die Schatzkammer mit dem kostbaren »Goldenen Rössl« von 1392. *Auskunft: Wallfahrts- und Verkehrsbüro, Kapellplatz 2 a, (Rathaus), Tel. 08671/80 68, Fax 858 58, www. altoetting-touristinfo.de*

Inside TIPP

Tittmoning [107 E3]
Die bescheidene Kleinstadt 15 km südlich von Burghausen überrascht mit reizvollen Attraktionen. An einem der schönsten Plätze Oberbayerns steht ein mächtiges *Rathaus,* dessen Fassade effektvoll mit den vergoldeten Büsten von 12 römischen Kaisern geschmückt ist (1681). Die stattliche *Burg* am Hang beherbergt das ★ *Heimatmuseum Rupertiwinkel,* in dem die größte Schützenscheibensammlung Bayerns zu sehen ist *(im Sommerhalbjahr Fr–Mi 14–16 Uhr, nur mit Führung, Eintritt 3 Euro). Auskunft: Tel. 08683/70 07 10, Fax 70 07 30*

CHIEMSEE

[106 B–C 5–6] Der Chiemsee ist das Herz des östlichen Oberbayern, in geografischer und kultureller Hinsicht unumstrittener Mittelpunkt dieser prächtigen Ferienlandschaft. Das »Bayerische Meer« ist rund 80 km^2 groß, 18 km lang, bis zu 14 km breit und bis zu 74 m tief. Im 8. Jh. gründeten Mönche und Nonnen Klöster auf den Inseln – daher die Namen *Herren-* und *Fraueninsel;* die dritte im Bunde, die *Krautinsel,* diente der Nahrungsversorgung.

DER CHIEMGAU

Zwei gleicherweise lohnende Möglichkeiten gibt es, den Chiemsee als Ganzes kennen zu lernen. Seine abwechslungsreichen Uferlandschaften mit Buchten und »Malerwinkeln«, Moorgebieten und Moränenhügeln »erfährt« man am besten auf einer 68 km langen Radtour auf dem *Chiemsee-Rundweg* (Radverleih in allen größeren Uferorten).

Oder Sie unternehmen eine *Chiemseerundfahrt* mit dem Schiff. Die Große Rundfahrt dauert ungefähr drei Stunden; dabei ist ein Besuch der *Herreninsel* und des *Schlosses Herrenchiemsee* eingeschlossen. Die Schiffe der Chiemseeflotte verkehren ganzjährig, Zusteigen und Fahrtunterbrechungen sind überall möglich *(Chiemseeschifffahrt L. Feßler, Prien, Tel. 08051/60 90, Abfahrtszeiten 5-mal tgl. im Hafen von Prien, Ortsteil Stock). www.chiemsee.de*

SEHENSWERTES

Frauenchiemsee [106 B6]

★ Auf der schon in vorgeschichtlicher Zeit von Fischern bewohnten Insel gründete der Bayernherzog Tassilo III. um die Mitte des 8. Jhs. ein *Benediktinerinnenkloster*. Von dem um das Jahr 1000 begonnenen Kirchenbau sind noch die wehrhaften Mauern des freistehenden Glockenturms erhalten. Dessen Zwiebelhaube stammt aus dem 17. Jh. Im 15. Jh. wurde die Kirche im spätgotischen Stil eingewölbt und umgebaut; ältere Fresken in den Arkadenlaibungen blieben erhalten. Als Sensation galt die Entdeckung der *karolingischen Kapelle* in der Torhalle des Klosters. Das dabei freigelegte Fresko wird auf die Zeit um das Jahr 1000 datiert. In der Torhalle ist ein *Agilolfinger-Museum* untergebracht *(Pfingsten–Okt. tgl. 11–18 Uhr, Eintritt 1,50 Euro).*

MARCO POLO Highlights »Der Chiemgau«

★ **Rott am Inn**
Sehenswerte Rokoko-Klosterkirche (Seite 75)

★ **Frauenchiemsee**
Kleine Insel mit großer klerikaler Tradition (Seite 71)

★ **Urschalling**
Das Kontrasterlebnis für Liebhaber mittelalterlicher Fresken (Seite 74)

★ **Wasserburg am Inn**
Die Stadt hat geschichtliche Atmosphäre (Seite 75)

★ **Gnadenkapelle**
Das verehrte Gnadenbild in Bayerns bedeutendstem Wallfahrtsort Altötting ist eine Kostbarkeit (Seite 70)

★ **Heimatmuseum Rupertiwinkel**
Das Schützenscheibenmuseum in Tittmoning ist ein Unikum (Seite 70)

★ **Herrenchiemsee**
Versailles im Chiemsee – das müssen Sie gesehen haben (Seite 72)

CHIEMSEE

Bayerns »Versailles«: König Ludwigs II. Märchenschloss Herrenchiemsee

Ein gemütliches Wirtshaus mit bodenständiger Kost und Biergarten ist der *Inselwirt (Do–Di 11–21 Uhr, Nov.–März geschl., Tel. 08054/ 630, €)*. Ab Gstadt 15-minütige Überfahrt zur Fraueninsel

Herrenchiemsee [106 B6]
★ Die große bewaldete Insel gegenüber Prien hat schon im 8. Jh. ein *Benediktinerkloster* beherbergt. Bis zur Säkularisation 1803 galt das mittlerweile in den Besitz der Augustinerchorherren übergegangene Kloster als geistig-geistlicher Mittelpunkt des Chiemgaus. Von den letztlich barocken Bauten ist nur das so genannte *Alte Schloss* mit der ehemaligen Bibliothek und dem Kaisersaal erhalten geblieben; es wird aber von den täglich an ihm vorbeiströmenden Massen kaum beachtet. Denn jeder will nur das Märchenschloss König Ludwigs II. sehen: *Schloss Herrenchiemsee*. Der monumentale Bau, dem berühmten französischen Schloss Versailles nachempfunden, sollte auch einen Nord- und Südflügel bekommen, doch nach siebenjähriger Bauzeit ging König Ludwig II. 1886 das Geld aus. Im Schloss heute noch zu sehen: der blaue Krönungsmantel und König Ludwigs Totenmaske. *Führungen April–Mitte Okt. 9–18, sonst 9.40–16.15 Uhr, Eintritt 7 Euro, www.herrenchiemsee.de*

ZIELE UM DEN SEE

Rabenden [106 B4]
In der kleinen *Dorfkirche St. Jacob*, Insider-Tip, 10 km nördlich des Sees, steht ein berühmter spätgotischer Schnitzaltar, einer der schönsten im ganzen Land. Er ist 1510–30 von einem unbekannt gebliebenen Meister geschaffen worden. Die beherrschenden Figuren in dem über 7 m vom Kirchenboden aufsteigenden Hochaltar sind die Apostel Jakobus, Simon und Judas Thaddäus. *Auskunft: Pfarramt Baumburg, Tel. 08621/27 53*

DER CHIEMGAU

Seebruck [106 B–C5]
Das hübsche Dorf am Nordende des Sees ist ein beliebtes Quartier für Wassersportler – dank des schönen Yachthafens – sowie für Ausflüge in den nördlichen Chiemgau.

PRIEN

[106 B6] Der Marktort (10 000 Ew.) gruppiert sich um die ursprünglich spätgotische, 1738 barockisierte *Pfarrkirche Mariä Himmelfahrt*. Priens Hafen, Heimat der Chiemseeschifffahrt, ist im 2 km entfernten Ortsteil Stock, wohin zur Freude aller Eisenbahnfans in der Hochsaison Deutschlands älteste Schmalspurbahn, der *Feurige Elias,* dampft. Nördlich und südlich von Stock verteilen sich Badeplätze, Yacht- und Bootshäfen, Surfschulen und was des Wassersportlers Herz sonst noch begehren mag.

Ein gutbürgerliches Haus direkt am See mit Hallenbad und *Altbayerische Stub'n (nur abends)* ist das *Golf-Hotel Reinhart (65 Zi., Seestr. 117, Tel. 08051/69 40, Fax 69 41 00, www.reinhart-hotels.de, €€)*. Das *Yachthotel Chiemsee* ist ein ruhiges, komfortables und schön gelegenes Haus im Ortsteil Harras, gute Küche *(102 Zi., Harrasser Str. 49, Tel. 08051/69 60, Fax 51 71, www.yachthotel.de, €€)*. Auskunft: Kurverwaltung, Alte Rathausstr. 11, Tel. 08051/690 50, Fax 69 05 40, tourismus.prien.chiemsee.de

ZIELE IN DER UMGEBUNG

Aschau [112 C2]
Das idyllisch am Fuß der Kampenwand gelegene Dorf (12 km südlich von Prien) hat Kurpark, Moor-schwimmbad und Hallenbad. Die barocke *Pfarrkirche St. Maria* mit ihren beiden, von doppelstöckigen Zwiebelhelmen gekrönten Türmen prangt in reichem Stuckdekor. Auf einem baumbestandenen Hügel über dem Dorf thront, weithin sichtbar, das Schloss Hohenaschau *Insider Tipp* aus dem 12. Jh., mehrmals erneuert und mit sehenswertem Rittersaal (um 1685) *(Führungen nach Bedarf während der Sommersaison)*. Die Kabinenbahn auf den Hausberg *Kampenwand* (1669 m) erschließt ein hübsches Wander- und bescheidenes Skigebiet. Zu empfehlen ist der *Landgasthof Karner*, im Landhausstil eingerichtet, mit schönem Garten und bester Küche *(Frasdorf, Tel. 08052/179 70, Fax 47 11, www.landgasthof-karner.de, tgl., €€€)*. Hotel und Gourmettempel der besonderen Art ist die *Residenz Heinz Winkler*. Die Küche des alerten Gastronomen ist exzellent *(13 Zi., 13 Suiten, Kirchplatz 1, Tel. 08052/179 90, Fax 17 99 66, www.residenz-heinz-winkler.de, €€€)*. Auskunft: Kurverwaltung, Kampenwandstr. 94, Tel. 08052/90 49 37, Fax 90 49 45

Ruhpolding [113 E–F2]
Der größte und bekannteste Ferienort der Chiemgauer Alpen, 46 km von Prien entfernt, hat sich stark auf den anspruchslosen Massentourismus eingestellt. Dabei ist Ruhpolding auf vielfältige Weise attraktiv geblieben. Die landschaftliche Kulisse mit dem 1645 m hohen *Rauschberg* als Höhepunkt (Großkabinenbahn, Alpenlehrpfad) könnte jeden Heimatfilm zieren. Im Ort sind zahlreiche alte Bauernhöfe erhalten geblieben, auch ein *Renaissancejagdschloss* der Bayernherzöge (heute Forstamt). Die *Pfarr-*

ROSENHEIM

kirche St. Georg auf dem Hügel ist eine der interessantesten Dorfkirchen in Oberbayern, 1738–57 nach Plänen von Johann Baptist Gunetsrhainer erbaut. Im <mark>Holzknechtmuseum</mark> werden ursprüngliche Arbeitsweis und Bräuche der Holzarbeiter dokumentiert – ein lohnender Besuch *(Ortsteil Laubau, Di–So 13–17 Uhr, Eintritt 3 Euro). Auskunft: Kurverwaltung, Hauptstr. 60, Tel. 08663/880 60, Fax 88 06 20*

Urschalling [106 A6]

★ In dem Dorf gleich oberhalb von Prien steht die kleine romanische Kirche *St. Jakob* (um 1200), die mit schönen mittelalterlichen Fresken geschmückt ist (falls geschlossen, Schlüssel im Haus nebenan.) Die <mark>Mesner-Stub'n</mark> neben der Kirche ist ein uriges Wirtshaus, fast wie aus dem »Komödienstadl« *(Tel. 08051/ 39 71, www.mesnerstubn.de, €€).*

ROSENHEIM

Karte in der hinteren Umschlagklappe

[112 A–B 1–2] Am Schnittpunkt der großen Nord–Süd- und Ost–West-Verkehrsachsen am Inn gelegen, hat Rosenheim (60 000 Ew.) den Charakter einer weltoffenen Provinzstadt zu bewahren verstanden. Von ihrer schönsten und urbansten Seite zeigt sich die Kreisstadt in ihrem alten Kern mit dem *Max-Josefs-Platz* (Fußgängerzone) mit den typischen Inntalhäusern, ihren Arkadengängen und Grabendächern. Seinen Namen verdankt die Stadt übrigens den Grafen von Wasserburg, die eine Rose in ihrem Wappen führten und im heutigen Rosenheim einen Burgsitz hatten.

MUSEEN

Ausstellungszentrum Lokschuppen
Immer attraktive Ausstellungen. *Am Rathaus, Tel. 08031/ 365 90 32, Öffnungszeiten und Eintrittspreise wechselnd*

Inn-Museum
Gute Dokumentation von Natur und Geschichte des Flusses. *Innstr. 74, im Sommerhalbjahr Fr 9–12, Sa/So 9–16 Uhr, Eintritt 2 Euro*

ESSEN & TRINKEN

Gasthaus Stockhammer
Gaststätte mit Tradition. Seit fast 70 Jahren verwöhnt die Wirtsfamilie Partenhauser ihre Gäste auf gut bayerisch. *Max-Josefs-Platz 13, Tel. 08031/129 69, Sa abends und So geschl., €€*

Wirtshaus zum Johann Auer
Bayerische Schmankerl und Bierspezialitäten in historischen Räumen. *Ludwigsplatz 14a, Tel. 08031/38 08 87, tgl. , www.zum johann-auer.de, €*

ÜBERNACHTEN

Panorama Cityhotel
Komfortables Haus im Herzen der Stadt. *89 Zi., 2 Apartments, Brixstr. 3, Tel. 08031/30 60, Fax 08031/ 30 64 15, www.panoramacityhotel. de, €€€*

AUSKUNFT

Verkehrsbüro
Kufsteiner Str. 4, Tel. 08031/ 365 90 61, Fax 365 90 60, www. tourismusinfo-ro.de

DER CHIEMGAU

ZIELE IN DER UMGEBUNG

Rott am Inn [105 E4]
★ Die ehemalige *Benediktinerklosterkirche* in Rott am Inn, 14 km nördlich von Rosenheim, gehört zu den kostbarsten Architekturdenkmälern des 18. Jhs. in Bayern. Baumeister Johann Michael Fischer und Skulpturenkünstler Ignaz Günther waren hier in Hochform. *Auskunft und Voranmeldung für Besichtigungen: Tel. 08039/903 60*

Wasserburg am Inn [105 F3–4]
★ Wo sich der Inn 27 km nördlich von Rosenheim in einer engen Schleife durch einen eiszeitlichen Moränenwall gebohrt hat, liegt die alte Salzhandelsstadt (11 500 Ew.) auf ihrer schmalen, halbinselartigen Landzunge. Den besten Blick auf Wasserburg und seine einzigartige Lage hat man von der *Schönen Aussicht* auf dem **Kellerberg** oberhalb der Innbrücke.

Einen Rundgang durch die *Altstadt* beginnt man am besten am *Brucktor* (1470) vor der Innbrücke. Durch die *Bruckgasse* zum *Marienplatz* mit Laubengängen, dem spätgotischen, doppelgiebeligen *Rathaus* (1457) und dem *Kernhaus* mit seiner prächtigen, von Johann Baptist Zimmermann gestalteten Rokokofassade (1738). Weitere bemerkenswerte Bauwerke: der gotische Backsteinbau der *Frauenkirche* mit spitz aufragendem Turm, barocker Innenausstattung und einem lieblichen Madonnenbild (neben dem Rathaus), die *Stadtpfarrkirche St. Jakob,* eine schöne gotische Hallenkirche aus der ersten Hälfte des 15. Jhs. am *Kirchhofplatz,* schließlich die einstige *Burg* (1531), ein Renaissanceschloss mit hohem Stufengiebel, Zehntkasten (Vorratslager) und Burgkapelle. Nehmen Sie sich auch die Zeit, die *Fletzingergasse, Herrengasse, Färbergasse* und *Lederzeile* zu durchstreifen und dort Schönes und Kurioses zu entdecken. *Auskunft: Verkehrsbüro, im Rathaus, Marienplatz 2, Tel. 08071/105 22, Fax 105 21, www.wasserburg.de*

Reges Treiben herrscht auf dem Töpfermarkt in Wasserburg am Inn

BERCHTESGADENER LAND

Gezähmte Wildnis

Ein Nationalpark voll Gipfelglück, geheimnisvoller Salzwelt und der Stille idyllischer Seen

Steinadler, schroffe Felsen und der tiefblaue Königssee im Nationalpark, kulinarisch die Nähe zu Salzburg und Kulturgüter von unschätzbarem Wert: Deutschlands südöstlichster Ecke. Ausführliche Infos zum Berchtesgadener Land finden Sie im MARCO POLO »Chiemgau/Berchtesgadener Land«.

Der Königssee lädt zu Pausen ein

BAD REICHENHALL

[114 C2–3] Das traditionsreiche Staatsbad (17 500 Ew.) liegt im weiten Talbecken der Saalach, die hier aus den engen Bergen heraustritt. In der alten Salinenstadt fließen die stärksten Solequellen Europas.

SEHENSWERTES

Münster St. Zeno
★ Bayerns größte romanische Basilika, erbaut im 12. Jh., ist 90 m lang, 30 m breit und 16 m hoch. *Besichtigung nicht jederzeit möglich, Auskunft: Tel. 08651/630 54*

MUSEUM

Alte Saline mit Quellenhaus
Historische Anlagen, zum Museum umfunktioniert. Man sieht u. a. die

Wallfahrtskirche St. Bartholomä am Ufer des Königssees

riesigen Solepumpen arbeiten und die kunstvollen Quellfassungen der Solequellen von Erasmus Grasser. Sehr informative Filmvorführung über Salzgewinnung früher und heute. *Salinenstraße, April–Okt. tgl. 10–11.30 und 14–16, Nov. bis März Di, Do 14–16 Uhr, Eintritt 5,20 Euro*

ESSEN & TRINKEN

Hofwirt *Insider Tipp*
Gute bodenständige Küche in einem denkmalgeschützten Renaissancehaus. *Salzburger Str. 21, Tel. 08651/983 80, www.hofwirt.de, Mo mittag geschl., €€*

ÜBERNACHTEN

Kurhotel Luisenbad
Traditionsreiches Haus für Gesunde und Kurbedürftige mit Ansprüchen. *80 Zi., Ludwigstr. 33, Tel. 08651/60 40, Fax 629 28, €€*

BERCHTESGADEN

Anschaulich aufgearbeitete Vergangenheit: Dokumentation Obersalzberg

AUSKUNFT

Kur- und Verkehrsverein
Wittelsbacherstr. 15–17, Tel. 08651/ 60 63 03, Fax 60 63 11, www.bad-reichenhall.de

BERCHTESGADEN

 Karte in der hinteren Umschlagklappe
[115 D4] Der Markt und heilklimatische Kurort (7800 Ew.) breitet sich dekorativ vor der Kulisse des *Watzmannmassivs* (2713 m) aus. Auch die anderen Gipfelgruppen, die Berchtesgaden umrahmen, zeigen eindrucksvolle Konturen: der *Untersberg* im Norden, der *Hohe Göll* im Osten, der *Hochkalter* im Westen und die Spitzen des *Steinernen Meeres* im Süden. Das innerste Ortszentrum ist Fußgängerzone.

MUSEEN

Dokumentation Obersalzberg
Ausstellung zur Geschichte der NS-Diktatur. *Salzbergstr. 41, April–Okt. tgl. 9–17, sonst Di–So 10–15 Uhr, Eintritt 3 Euro, www.obersalzberg.de*

Salzbergwerk/Salinenmuseum
Infospaß für Groß und Klein. *Bergwerkstr. 83, Mai–15. Okt. tgl. 9 bis 17, 16. Okt.–April 11.30–15 Uhr, Eintritt 12 Euro, www.salzwelt.de*

ESSEN & TRINKEN ÜBERNACHTEN

Bräustüberl im Hofbräuhaus *Insider Tip*
Starkes Lokalkolorit und mäßige Preise. *Brauhausstr. 15, Tel. 08652/ 966 40, Mo geschl., €€*

Hotel Maria Gern
Gutes Haus für Fitnessfans. *13 Zi., Kirchplatz 3, Tel. 08652/34 40, Fax 662 76, www.mariagern.de, €*

AUSKUNFT

Kurdirektion
Königsseer Str. 2, Tel. 08652/ 96 71 50, Fax 96 74 00, www.berchtesgadener-land.com

ZIELE IN DER UMGEBUNG

Jenner [115 D4]
☀ Mit Gondeln und Sesseln fährt die *Jennerbahn* auf den 8 km entfernten, 1874 m hohen Jenner mit

BERCHTESGADENER LAND

großartiger Aussicht auf die imposante Bergwelt des Nationalparks und den Königssee. Geführte Wanderungen: *Nationalparkverwaltung, Tel. 08652/968 60*

Kehlsteinhaus [115 D4]
★ Das viel besuchte, 6 km entfernte Ausflugsziel (1834 m hoch) ist über den *Obersalzberg* zu erreichen. Erbaut wurde es einst als Geburtstagsgeschenk für Adolf Hitler. Fahrt nur mit Linienbussen auf kühn angelegter Straße. Grandioses Panorama und Gaststätte.

Königssee [115 D4–5]
★ Der fjordartige, tiefgrüne See, 5 km südlich von Berchtesgaden, zählt zu den schönsten Bayerns. Geräuscharme Elektroboote fahren zu folgenden Stationen: *Malerwinkel, Königsbachfall, Echowand* (Trompetenecho!) und *St. Bartholomä. Auskunft: Bayerische Schifffahrt Königssee, Seestr. 55, Tel. 08652/ 96 36 18, www.bayerische-seenschifffahrt.de*

Maria Gern [115 D3–4]
★ Die *Wallfahrtskirche* in der Gern direkt bei Berchtesgaden gilt als schönstes Gotteshaus der Gegend. Der bäuerliche Barockbau von 1709 befindet sich in wunderbarer Harmonie mit der ländlichen Umgebung vor hochalpiner Kulisse. *Vom Ortszentrum 45 Min. Fußweg*

Nationalpark Berchtesgaden [114–115 B–D 4–6]
Deutschlands größter Nationalpark (208 km^2) umfasst den ganzen südlichen Bereich des Berchtesgadener Landes mit Königssee, Watzmann, Hochkalter sowie den zu Bayern gehörenden Teilen der Reiter Alpe, des Steinernen Meeres, des Hagengebirges und der Göllgruppe. Es gibt zwei komfortable Möglichkeiten, um wenigstens in Teilbereiche des Nationalparks einzudringen: die Elektroboote auf dem Königssee und die Jennerbahn. *www.nationalparkberchtesgaden.de*

Ramsau [114 C4]
Die in einem bewaldeten Hang versteckte Wallfahrtskirche der Sennerinnen, ★ *Maria Kunterweg*, mit ihrem berühmten Gnadenbild (1690) ist ein sehenswertes Zeugnis dörflich-frommen Lebens. Von Berchtesgaden zu erreichen in 12 km.

MARCO POLO **Highlights**
»Berchtesgadener Land«

★ **Maria Gern**
Wallfahrtskirche in perfekter Idylle (Seite 79)

★ **Maria Kunterweg**
Die Wallfahrtskirche in Ramsau ist ein barockes Kleinod (Seite 79)

★ **Münster St. Zeno**
Bayerns größte romanische Kirche in Bad Reichenhall (Seite 77)

★ **Königssee**
Mit dem Elektroboot nach St. Bartholomä (Seite 79)

AUSFLÜGE & TOUREN

Harmonie von Natur und Kultur

Die Touren sind in der Karte auf dem hinteren Umschlag und im Reiseatlas ab Seite 102 grün markiert

1 WO DEUTSCHLANDS HÖCHSTE BERGE STEHEN

Garmisch-Partenkirchen – Walchensee – Kochelsee – Murnau – (Oberammergau – Ettal – Linderhof) – Garmisch-Partenkirchen. Der deutsche Alpenanteil ist bescheiden. Die anderen Alpenländer haben zwar mehr und höhere Gipfel, aber auf dieser Rundfahrt werden Sie feststellen, dass auch Bayern Berge hat, die sich sehen lassen können. Tagestour, 95 km ohne Abstecher.

Beginnen Sie die Rundfahrt durch den Teil Oberbayerns, in dem Deutschlands höchste Berge stehen, im Olympiaort *Garmisch-Partenkirchen (S. 41)*. Wenn Sie sich von hier aus einen Einblick in das imposante, in der Zugspitze gipfelnde *Wettersteingebirge* verschaffen wollen, haben Sie mehrere Möglichkeiten: 1. Fahrt mit der Seilbahn auf den  Wank, wo Sie von der Gipfelstation aus auch einen kleinen Höhenspaziergang machen können; 2. Fahrt mit der gemütlich-altmodischen Kleinkabinenbahn (ab Olympiastadion) hinauf zum Eckbauern, wo Sie noch näher an den Felswänden sind und, wenn Sie Zeit haben, durch die wilde Partnachklamm zur Talstation zurücklaufen können; 3. Abstecher mit dem Auto vor der B 2 hinterm Ortsausgang von »Ga-Pa« (Wegweiser) zum Gschwandtnerbauern; er kostet am wenigsten Zeit und ist doch kaum weniger lohnend als die beiden anderen Vorschläge.

Die B 2 zieht sich parallel zum Wettersteingebirge und zur Bahnlinie aus dem Talkessel von Garmisch-Partenkirchen heraus und führt ostwärts auf das Soierngebirge und das Karwendelgebirge zu. Letzteres gehört mit dem nördlichen Teil noch zu Bayern, in seinem südlichen, größeren Teil zu Tirol. Beim Bahnhof in Klais zweigt die schöne alte Landstraße nach *Mittenwald (S. 45)* ab, das selbstverständlich auch einen Abstecher wert ist. Ihre »Normalroute« aber, die B 2, führt weiter durch die charakteristischen Buckelwiesen, eine Hinterlassenschaft der Eiszeit, nach Krün, wo sie auf die B 11 stößt, auf der Sie

Wildromantische Gebirgsschlucht: die Partnachklamm bei Garmisch

nun nordwärts durch Wallgau zum *Walchensee (S. 60)* fahren. Parallel zur Straße fließt der Kanal mit dem bei Krün abgeleiteten Isarwasser, das dann die Turbinen des *Walchensee-Kraftwerks (S. 60)* speist.

An der Nordwestecke des Walchensees führt ein Abstecher in wunderschöne Kulturlandschaft: Eine mautpflichtige Forststraße verläuft am Südufer des Sees entlang, wo vor allem die Surfer gern ihr Lager aufschlagen, ins Tal der *Jachenau (S. 58)* mit seinen schönen alten Bauernhäusern und von dort weiter über *Lenggries* nach *Bad Tölz (S. 55)*. Doch auch die B 2, die sich brav am Westufer des Sees hält, ist eine schöne Strecke. Kurz vor *Urfeld* steht links am Hang das Haus, in dem Lovis Corinth seine unbezahlbaren Walchensee-Bilder gemalt hat. Weiter geht es am Goethe-Denkmal oberhalb von Urfeld vorbei; es erinnert an den Dichter, der im Jahr 1786 auf dieser Straße mit der Postkutsche nach Italien gereist ist.

Die kurvenreiche *Kesselbergstraße* führt zum *Kochelsee* hinunter. Wenn Sie einen Bummler vor sich haben, sollten Sie sich nicht ärgern (Achtung: Überholverbot), sondern auf einen der Aussichtsparkplätze ausscheren und den ↙↗ Blick über das Voralpenland genießen. Die Kesselbergstraße ist übrigens eine beliebte Rennstrecke für Motorradfahrer (nur inoffiziell und nicht an den Wochenenden). In ihrem unteren Teil zweigt die Zufahrt zum Walchensee-Kraftwerk ab. Durch das lang gestreckte *Kochel am See (S. 58)* weiter nach Benediktbeuern, an dem Weiler Ort vorbei, wo der Aufstieg zur Benediktenwand beginnt; der ist aber nur ausdauernden Bergwanderern zu empfehlen.

Auch wenn keine Ausstellung auf dem Programm steht, lohnt sich die Besichtigung von Kloster und Kirche in *Benediktbeuern (S. 59)*. Außerdem bietet der Ort ein hochinteressantes Denkmal der Technikgeschichte. Denn im vormaligen Waschhaus des Klosters bestand nach dessen staatlich verfügter Auflösung 1803 einige Jahre lang eine Glasschmelze, die Sie besichtigen können. Erinnert wird hier auch an Joseph von Fraunhofer, der in anderen Räumlichkeiten der einstigen Benediktinerabtei ein mathematisch-optisches Institut unterhielt und dort Versuche unternahm. Dabei entdeckte er die dunklen Linien im Sonnenspektrum, die seitdem nach ihm benannten Fraunhofer-

Postkartenidylle: Lenggries

AUSFLÜGE & TOUREN

schen Linien, eine bahnbrechende Erkenntnis für die optische Industrie, namentlich für die Entwicklung leistungsfähiger Fernrohre und Teleskope.

Kurz hinter Benediktbeuern, bei Bichl, biegen Sie von der B 11 in die B 472 nach Westen ein (Richtung Peißenberg/Schongau). Nach der Unterführung der A 95 verlassen Sie diese in Habach und gelangen auf gemütlicher Landstraße nach *Murnau (S. 46)*. Hier stehen Sie wie einst Herkules am Scheideweg: Haben Sie keine Zeit mehr übrig, können Sie auf direkter Route – nun wieder der B 2 – über Eschenlohe nach Garmisch-Partenkirchen zurückfahren. Wenn Sie aber noch 1–2 Std. in Reserve haben, sollten Sie sich in die Straße nach Saulgrub einfädeln; sie ist zwar schmal, bietet jedoch wunderschöne ↯ Ausblicke über das *Murnauer Moos* auf die Gipfel des Wettersteingebirges.

In Saulgrub biegen Sie nach Süden ab (B 23) und fahren wieder auf die Berge zu. Die Straßenschilder kündigen nun *Oberammergau (S. 48)* und *Ettal (S. 50)* an. Dritter Höhepunkt in diesem Winkel ist *Linderhof (S. 50)*, das Sie auf der Straße ins Graswangtal erreichen. Sie haben nun die Wahl, in 1–2 Stunden entweder einen Rundgang durch den Passionsspielort zu unternehmen, die kuppelgekrönte Ettaler Klosterkirche zu besichtigen oder dem königlichen Märchenschloss samt Gartenanlagen und Wasserspielen einen Besuch abzustatten.

Von Ettal führt die B 23 in einer großen Serpentine hinunter ins Loisachtal, das sie bei Oberau erreicht. Von da sind es nur noch 8 km bis zu Ihrem Ausgangsort Garmisch-Partenkirchen.

2 BAD TÖLZER SEEN- UND FLUSSRUNDE

Die Stadt Bad Tölz ist geeigneter Ausgangspunkt für eine Landpartie zu Flüssen und Seen. Keine Tour für Kilometerfresser, sondern für Naturliebhaber. Auch wenn Sie nur 60 km unterwegs sind, gönnen Sie sich einen ganzen Tag für diese Rundfahrt, denn es lohnt sich, an vielen Haltepunkten auszusteigen, spazieren zu gehen und bei gemütlicher Brotzeit zu rasten. Variante für Radwanderer: auf dem familienfreundlichen Isarradweg von Bad Tölz bis zum Sylvensteinsee und zurück (rund 50 km).

Schon der Startort *Bad Tölz (S. 55)* ist einen Bummel wert. Stattliche Bürgerhäuser mit hohen Giebeln säumen die steile Marktstraße. Östlich von Bad Tölz fädeln Sie sich in die B 472 in Richtung *Waakirchen* ein, einem kleinen, wenig besuchten ==Dorf wie aus dem Bilderbuch,== *Insider Tipp* das eine Stippvisite lohnt. Wahrzeichen des Dorfes ist ein stattlicher Zwiebelturm. Nach Süden hin ist der Blick frei auf die Alpenkette. Wenige Kilometer nach Waakirchen treffen Sie auf die Kreuzung mit der B 318. Hier biegen Sie rechts ab in Richtung *Gmund (S. 66)*. In der Stadt *Tegernsee (S. 64)* gönnen Sie sich einen Seepromenadenbummel und unbedingt eine Einkehr im *Herzoglichen Bräustüberl (S. 65)*.

Südlich von Rottach-Egern mit seinen First-Class-Hotels tauchen

Sie ein in wildromantische Landschaft. Die Weißach entlang flussaufwärts fahren Sie auf der B 307 bis *Wildbad Kreuth*. Im 19. Jh. war diese entlegene Ansiedlung eines der führenden europäischen Heilbäder. Seine schwefelhaltigen Quellen sorgten für einen regen Badebetrieb. Heute ist Wildbad Kreuth bundesweit vor allem wegen politischer Klausurtagungen bekannt. An Sonntagen ist während des Gottesdienstes die ==Heilig-Kreuz-Kapelle== geöffnet. Sehenswert ist die frühbarocke Kreuzigungsgruppe mit Maria, Johannes und Magdalena. Am Ursprung der Heilquelle den Bachlauf am alten Bad aufwärts finden Sie das *Denkmal Max Josefs I.*

`Insider Tipp`

Mit dem Auto weiter in Richtung Westen bringt Sie ein Teilabschnitt der Deutschen Alpenstraße zum *Sylvenstein-Stausee (S. 58)*. Die Landschaft rund um den Stausee bietet Ihnen eine Fülle an Wandermöglichkeiten, zum Beispiel hinauf zur *Röthenbachalm*. Ein ganzes Dorf wurde hier geflutet, als der künstliche See 1959 angelegt wurde. Nach dem Seespaziergang führt die B13 vom Sylvenstein-Stausee weg in Richtung Norden. Immer die Isar abwärts vorbei an Lenggries erreichen Sie nach knapp 20 km wieder Ihren Ausgangspunkt Bad Tölz.

3 AUF DEN SPUREN DES BLAUEN REITERS

Eine Bereicherung für Körper und Geist, insbesondere für den Kunstverstand, bringen die ★ Radwanderungen auf den Spuren des »Blauen Reiters«, einer Künstlervereinigung, deren Mitglieder Anfang des 20. Jhs. in Murnau ihren schöpferischen Mittelpunkt gefunden hatten. Die drei verschiedenen und voneinander unabhängigen Routen zwischen 19 und 54 km Länge führen zu den Standorten, an denen Wassily Kandinsky, Franz Marc, Gabriele Münter, Paul Klee, Alexander Jawlensky und Marianne Werefkin Motive für ihre Bilder gefunden und diese gemalt haben.

Unentbehrliche Hilfe für die Radlrundtouren ist eine speziell gestaltete Landkarte, die die radelnden Kunstfreunde auf eingezeichneten Routen zu diesen Plätzen geleitet. Die Karte »Radwandern auf den Spuren des Blauen Reiters« ist im *Verkehrsamt (Kohlgruber Str. 1, 82418 Murnau)* erhältlich. Entlang

Südlich von Lenggries wird die Isar zum Sylvensteinsee gestaut

AUSFLÜGE & TOUREN

den drei Routen sind die Motivplätze in der Karte besonders gekennzeichnet, was einen direkten Vergleich ermöglicht. Da seither fast ein Jahrhundert vergangen ist, haben sich die Landschaft und ihre Bebauung natürlich mehr oder weniger stark verändert, sodass man manchmal ein wenig suchen muss, bevor sich das Motiv dingfest machen lässt. Dieses Suchspiel verleiht den »Blaue-Reiter-Wanderungen« fast so etwas wie einen Rallyereiz.

In der Karte sind die Gemälde, die an den jeweiligen Standorten entstanden sind, abgebildet. Außerdem sind die genauen Entfernungen, Bademöglichkeiten, Aussichtspunkte und noch einige weitere Sehenswürdigkeiten entlang den Routen gekennzeichnet, zu deren wichtigsten das *Freilichtmuseum Glentleiten (S. 47)* in Großweil, das *Franz-Marc-Museum (S. 58)* in Kochel, *Kloster* und *Kirche Benediktbeuern (S. 59)* gehören. Selbstverständlich ist auch eine Aufstellung der empfehlenswerten Wirtshäuser und Einkehrstätten nicht vergessen worden.

Route 1: Murnau – Murnauer Moos – Seehausen, 26 km

Ohne größere Steigungen führt der Weg von der Ortsmitte in das Naturschutzgebiet *Murnauer Moos* mit seiner vor allem im Frühjahr eindrucksvollen Flora. Schon kurz vor Mühlhabing kann man Gabriele Münters Bild »Der blaue See« mit dem Original vergleichen. Weiter geht's nach Grafenaschau und dann zurück an den hübschen, überdurchschnittlich warmen Staffelsee bis nach Seehausen-Rieden mit Bademöglichkeit. Entlang der Bahnlinie fahren Sie zurück zum Ausgangspunkt.

Route 2: Murnau – Riegsee – Aidlinger Höhe, 19 km

Im leichten Auf und Ab über Froschhausen und Riegsee, deren beide Kirchen Kandinsky zu exzessiven Farbspielen inspiriert haben. Auf dem weiteren Weg geht es zu schönen Aussichtspunkten mit Blick auf Deutschlands höchste Berge (Wettersteingebirge, Zugspitze), durch Wiesen und Wälder, zu Wirtshäusern und schließlich zur Ortsmitte zurück. Auch am Riegsee kann man bei freundlichen Temperaturen baden.

Route 3: Murnau – Kochel – Sindelsdorf, 54 km

Die Route ist nur gut trainierten Radlern zu empfehlen und nimmt einen vollen Tag in Anspruch, denn es gibt hier besonders viel zu sehen und zu entdecken. Zunächst geht es südwärts in das hübsche Dorf Ohlstadt am Fuß des Heimgartens, dann weiter zum Bayerischen *Landgestüt Schwaiganger (S. 92)* mit seinen prächtigen Pferden. Der Abstecher zum *Freilichtmuseum Glentleiten (S. 47)* braucht Zeit und will gut überlegt sein.

In Kochel laden das *Franz-Marc-Museum (S. 59)* zum Schauen und die großzügige Freizeitanlage *trimini (S. 92)* zum Baden ein. In Ried – zugehörig zu *Benediktbeuern (S. 60)* – und Sindelsdorf, wo Franz Marc mehrere Jahre gelebt hat, sind viele berühmte Gemälde entstanden, zum Beispiel »Gelbe Kühe« und »Blaue Pferde«; deren Nachfahren weiden heute noch auf den Wiesen ringsum. Die letzte Etappe von Sindelsdorf nach *Murnau (S. 46)*, an der *Höhlmühle* und am Perlach vorbei, sollte man nicht unterschätzen. Wenn die Beine müde sind, kann sie sich arg in die Länge ziehen!

85

SPORT & AKTIVITÄTEN

Berge, Wälder und Seen

Oberbayern ist ein Sportlerparadies, hier finden Sie Abenteuer und Entspannung

Extremsportler oder Faulenzer – in Oberbayern findet jeder Gast seinen persönlichen Rhythmus für sportliche Aktivitäten: vom Freeclimbing an der überhängenden Nordwand bis zum stressfreien Walken durch Blumenwiesen. Auf Ammersee, Chiemsee, Starnberger See und Staffelsee lässt es sich hervorragend segeln oder Boot fahren. Immer mehr Mountainbiker kämpfen sich durch Schluchten jenseits der 2000-m-Marke. Im Trend liegen auch Rafting und Canyoning mit Schnupperkursen. Die Alpenregion bietet genügend Möglichkeiten, mit Gleitschirmen oder Segeltuchdrachen ins Tal zu schweben. Tennissandplätze gibt es in fast jedem Kurort.

ANGELN

Renken, Hechte, Forellen und Huchen aus glasklarem Wasser – Oberbayerns Flüsse und Seen bieten Petrijüngern abwechslungsreiche Standplätze. Für Anglerfreaks: Seen- und Flüsselandkarte des Tourismusverbands. Besonders beliebt ist die *Lechstaustufe* bei Schongau. *www.tourismus-oberbayern.de*

Paragliding in den Chiemgauer Alpen

BERGSTEIGEN & WANDERN

Nicht nur wegen *Zugspitze* und *Watzmann* haben Bergsteigen und Klettern in der Alpenregion eine lange Tradition. Der Raum *Garmisch-Partenkirchen* bietet Felswände aller Schwierigkeitsgrade und viele Hundert Kilometer Wanderwege. Freeclimber kommen ebenso auf ihre Kosten wie Familien auf der abgesicherten Almwanderung. *Informationen über Kletterschulen, Bergführer und geführte Wanderungen: Kur- und Ferienland Garmisch-Partenkirchen, Tel. 08821/18 04 84, Fax 18 04 85, www.garmisch-partenkirchen.de*

Wer extreme Abenteuer in den oberbayerischen Bergen, Flüssen und Seen sucht, wird unter der folgenden Adresse interessante Angebote finden: *Bergschule Wittmann, Mittenwald, Tel. 08823/58 56, www.bergschule-wittmann.de*

Neben den vielen regionalen Angeboten für kleinere Touren kann man Oberbayern herrlich auf zwei Fernwanderwegen durchkreuzen: auf dem *Prälatenweg* von *Steingaden* bis *Kochel* oder auf der klassischen *König-Ludwig-Route* von *Starnberg* bis *Füssen*. Alle Infos über den Tourismusverband Pfaffen-

Im Kampf gegen das reißende Wasser: Wildwasserfahrt auf dem Inn

winkel, Tel. 08861/77 73, www.pfaffenwinkel.com oder den Tourismusverband Starnberger Fünf-Seen-Land, Wittelsbacherstraße 2 c, Tel. 08151/906 00, Fax 90 60 90, www.sta5.de

Insider Tipp Mutige kommen in Deutschlands höchstem ==Hochseilgarten== auf ihre Kosten. Sie können auf einem 9 m hohen Baumstamm balancieren und in die Tiefe springen, in Seilen über dem Abgrund hängen oder die 8 m hohe Kletterwand erobern und so spielerisch Sicherheit und Selbstvertrauen gewinnen. *Hochseilgarten Bad Reichenhall, Tel. 08651/40 09, www.klettergarten.de*

CANYONING & RAFTING

Für den wilden Wasserspaß ist die Isar besonders gut geeignet. *Hydro Alpin* heißt die Wassersport- und Kletterschule in *Lenggries*, die neben Canyoning und Rafting auch Eisklettern und Kajakkurse anbietet. *Hydro Alpin, Bergschule und Eventagentur, Tel. 08042/985 31, www.hydroalpin.de*

FALLSCHIRM & HANGGLEITER

Das Brauneck im *Isartal* ist ein bestens geeigneter Berg, um sich in die Lüfte zu erheben. An der Talstation der Brauneckbahn bei *Lenggries* bietet die Flugschule *adventure sports* Kurse mit diversen Physikergeräten an. *Talstation Lenggries, Tel. 08042/94 86, www.adventure-sports.de, weitere Infos unter www.garmisch-partenkirchen.de*

GOLF

Eingebettet in die hügelige Landschaft des Voralpenlandes, locken rund um den *Starnberger See* acht der schönsten Golfanlagen Deutschlands. Eine Pauschalschnupperwoche für die Golfplätze zwischen Bad

SPORT & AKTIVITÄTEN

Tölz und Bernbeuren kostet ca. 320 Euro. *Starnberger Fünf-Seen-Land, Wittelsbacherstr. 2 c, Starnberg, Tel. 08151/906 00, Fax 90 60 90, www.sta5.de, www.golf-region.de*

MOORBÄDER

Oberbayerische Idylle und die heilende Kraft des Moores finden Sie in *Bad Kohlgrub*, in Deutschlands höchstgelegenem Moorheilbad auf 900 m Meereshöhe. Moorbaden ist ein medizinisch anerkanntes Heilverfahren. *Kurverwaltung Bad Kohlgrub, Tel. 08845/742 20, Fax 74 22 44, www.bad-kohlgrub.de*

MOUNTAINBIKING

Die schönsten und schwersten Strecken finden sich im Raum *Berchtesgaden* und *Garmisch-Partenkirchen*. Hier z. B. die »Ochsentour« auf den *Wank*. Höhenunterschied 850 m und teilweise knackige Steigungen bis zu 26 Prozent. Start ist der Parkplatz der Wankbahn bei Partenkirchen, lohnendes Ziel die Esterbergalm mit guter Einkehrmöglichkeit. Der Belag des Weges wechselt zwischen Asphalt und Schotter. *Verkehrsamt Farchant, Am Gern 1, Farchant, Tel. 08821/96 16 96, www.zugspitzland.de*

BALLONFAHRTEN

Das Voralpenland aus der Vogelperspektive genießen! Hoch über Seen, Städten und Wäldern im Ballonkorb dahinschweben. Nicht ganz billig, aber Genuss und Abenteuer in einem. Startplätze gibt es im Starnberger Fünf-Seen-Land, am Tegernsee und am Chiemsee. *Blue Planet Ballooning, Keltenring 4, Egmating, Tel. 08095/87 27 95, Preise 145–189 Euro/Pers., www.blueplanet-ballonfahrten.de*

SOMMERRODELN

Rodeln ist in Oberbayern nicht nur ein Winterspaß. Bei *Unterammergau* und am *Blomberg* bei *Bad Tölz* können Sie mit kleinen Rollenschlitten rasant ins Tal sausen. Die ★ *Blombergbahn* ist mit 1286 m Bahnlänge und einem Höhenunterschied von 220 m die längste Sommerrodelbahn Deutschlands und bietet mit 17 Steilkurven und über 40 Schikanen eine abwechslungsreiche Abfahrt. Bei trockenem Wetter ist die Bahn von 9 bis 18 Uhr geöffnet. Mit einer Doppelsesselbahn können Sie bequem zum Startplatz fahren. *Eintritt: 2,50–3,50 Euro, www.blombergbahn.de*

SURFEN

Im Süden Oberbayerns gibt es zwei Surferparadiese. Am *Sylvenstein-Stausee* und am *Walchensee* über Kochel sorgen kräftige Fallwinde für hervorragende Bedingungen. Surfen lernen oder Bretter ausleihen kann man bei *Wassersport Total Walchensee-Einsiedl (Tel. 08858/745, www.bigjump.de)*.

WINTERSPORT

Internationale Alpinskizentren gibt es in *Garmisch-Partenkirchen* und *Berchtesgaden*, Naturrodelbahnen in Unterammergau und am Wallberg (6,5 km lang) im *Tegernseegebiet*. Bestpräparierte Langlaufloipen finden Sie im *Graswangtal* bei Ettal und im Raum *Ruhpolding/Reit im Winkl*.

MIT KINDERN REISEN

Spaß für die ganze Familie

Atemberaubende Ausflüge, wilder Wasserspaß und aufregende Abenteuer

Familien besonders herzlich willkommen! heißt es in Oberbayern landauf, landab. Der besondere Reiz der Region liegt in den vielen naturnahen Variationen der Urlaubsgestaltung: Märchenwald, Bergbau- und Freilichtmuseum, kinderleichte Bergwanderungen, Abenteuer und Badespaß an zahlreichen Flüssen und Seen, familiengerecht aufbereitete wissenschaftliche und historische Ausstellungen – Oberbayern ist für Familien immer in Bewegung.

Bei Eltern und Kindern beliebt: Urlaub auf dem Bauernhof. Mittendrin in Hof und Stall bei Pferden, Kühen, Enten, Hühnern, Katzen und Hunden, mit dabei bei der Heu- oder Kartoffelernte, mit am Tisch bei der Bauernfamilie zur deftigen Brotzeit und zum »Ratsch«, zur Plauderstunde mit Groß und Klein *(www.bauernhof-urlaub.com)*.

Weil gerade für Kinder und Jugendliche Oberbayernurlaub Naturub ist, mit Streifzügen durch abenteuerliche Waldregionen oder entlang von lustig dahinspringenden Gebirgsbächen, sollten in Koffer und Reisetasche möglichst viele Kleidungsstücke verpackt sein, die strapazierfähig sind und so manche »Dreckspatz«- und »Dschungelwanderung« überstehen.

STARNBERGER FÜNF-SEEN-LAND

WasserWelt Wartaweil [102 C4]
Die Gemeinde Wartaweil am Ammersee ist Ausgangspunkt für die ganze Familie, wenn es darum geht, spielerisch die ökologischen Zusammenhänge im Lebensraum Wasser zu erforschen. Bei Tagesanbruch geht die Fahrt mit dem Boot hinaus auf den Ammersee. Mit Angel und Fischernetz werden Forellen, Aale, Renken und Saiblinge gefangen. Der Fischermeister erklärt dabei Fischarten, Fangmöglichkeiten und Lebensweise der Tiere. Dann geht die Fahrt weiter zum Wasserpavillon Wartaweil. Ein Biologe erzählt Wissenswertes vom Ammersee und erklärt ökologische Besonderheiten. Bei einer Schnitzeljagd am Seeufer können alle Teilnehmer dann Vögel und Pflanzen selbst bestimmen. Als Belohnung und Höhepunkt des Tages: Fischgrillen am Lagerfeuer oder im Jugendzentrum. *Preis für das 6-stündige Programm pro Kind 30 Euro.*

Fesche »Dirndln« präsentieren ihre Tracht auf dem Oberlander Gaufest

Familienkarte 70 Euro. Termine auf Anfrage: Tourist Information Herrsching, Bahnhofsplatz 3, Tel. 08152/52 27, www.herrsching.de

Schongauer Märchenwald [102 A6]

Im Schongauer Märchenwald führen Spazierwege zu kleinen, liebevoll eingerichteten Häuschen. Auf Knopfdruck erzählen mechanisch bewegte Puppen die bekanntesten Märchen der Brüder Grimm. Eine Oldtimer-Kindereisenbahn zieht ihre Runden. **Insider Tipp:** Einheimische und exotische Tiere warten auf die kleinen und großen Besucher. *Mai–Okt. tgl. 9–19 Uhr, Anfahrt zwischen Schongau und Peiting beschildert, Eintritt Erwachsene 4, Kinder 3,50 Euro*

ZUGSPITZREGION

Haupt- und Landgestüt Schwaiganger [109 E3]

Im Haupt- und Landgestüt Schwaiganger nahe Ohlstadt werden Reit- und Freizeitpferde gezüchtet: Warmblut, Kaltblut und Haflinger. So manches Reit- oder Springpferd aus diesen Ställen hat es schon zu internationalen Meistertiteln gebracht. Für alle Pferdefreunde ein Genuss, diese mächtigen, prächtigen Tiere hautnah zu erleben. *Führungen Mai–Mitte Okt. Di–Do 13.30 und 15 Uhr, Erwachsene 2 Euro, Kinder bis 14 Jahre frei*

RUND UM DEN TEGERNSEE

Denkalm bei Lenggries [110 C3]

Kinderleicht im wahren Wortsinn, die Familienwanderung zur Denkalm bei Lenggries. Keine Stunde dauert der Aufstieg zur 980 m hoch gelegenen Alm. Kurze Steilanstiege wechseln sich mit flachen Wegpassagen ab. Rastbänke laden zum Verschnaufen ein. Vielfach ist die Belohnung für die kleinen Wanderer am Ziel: Hasenstall und Ziegengehege sind besonderer Anziehungspunkt, und auf der Sonnenterrasse an der Denkhütte schmeckt die **Insider Tipp:** riesige Portion Kaiserschmarrn besonders gut – eine hiesige Spezialität, die Sie sich nicht entgehen lassen sollten. *Start am Wanderparkplatz Lenggries, Aufstieg eine gute halbe Stunde, Tel. 08042/27 70, Do–Di*

Erlebnisbad trimini [110 A4]

Direkt am Kochelsee liegt das Erlebnisbad *trimini*. Das Panoramahallenbad bietet Kinderspielhöhlen, Wasserfälle, attraktive Freibecken, Gauditenne und eine 90 m lange, ganzjährige Allwetterrutsche. Im Freien wunderschöner Blick auf den Kochelsee und die Gebirgskette. Hier befindet sich auch eine 160 m lange Super-Wasserrutsche. *Do–Di 9–20, Mi 9–21 Uhr, Erwachsene 7, Kinder 5,50, Familienkarte 15 Euro (für jeweils 3 Stunden), www.trimini.de*

Radeln an der Mangfall [111 D2–3]

Insider Tipp: Von Gmund am Tegernsee aus gräbt sich der erst fröhlich dahinspringende Bach tiefer und tiefer sein Bett in Richtung Norden. Später weitet er sich zum Fluss, der so sauber ist, dass er vielen Menschen in München ihr Trinkwasser liefert. Hier in der Wald- und Hügellandschaft eröffnet sich eine prächtige Naturkulisse für kleine und große Abenteurer. Familienrad-

MIT KINDERN REISEN

Hat er schon angebissen? Kleine Petrijünger beim Angeln im Chiemsee

wandern mit hohem Spaßfaktor. Während der Radlpausen lassen Kinder selbst gebastelte Holzflöße auf den Flusswellen schaukeln. Papa und Mama stecken heiß geradelte Füße ins kalte Nass. Und weil auch der Radlweg durch das Mangfalltal ein Ziel braucht, empfiehlt sich die Einkehr im Wirtshaus *Gotzinger Trommel (Tel. 08020/17 28, www.weyarn.de, €–€€).*

DER CHIEMGAU

Zurück in die Steinzeit [107 A2]
Leben wie die Familien Feuerstein und Geröllheimer. Ferienfamilienleben im mehrfach ausgezeichneten Steinzeitdorf Siegsdorf. Funkenschlagen mit Feuersteinen, Jagen mit Speerschleuder und Pfeil und Bogen, Amulette schnitzen am flackernden Lagerfeuer. Angeboten werden Tages- und Wochenarrangements für die ganze Familie. *Buchbar über Tourist-Information Siegsdorf, Tel. 08662/49 87 48, www.siegsdorf.de*

BERCHTESGADENER LAND

**Salzbergwerk/
Salinenmuseum** [115 D4]
★ Für viele die größte Attraktion vor Berchtesgaden. Der Eingang ist unterhalb des Ortes jenseits der Berchtesgadener Ache. In traditioneller Bergmannskluft (wird vor Ort verliehen) fährt man per Feldbahn in den Stollen ein, überquert mit dem Floß einen dunklen, funkelnden Salzsee, fährt auf eine Rutsche ins tiefere Geschoss hinab und bekommt außer der »action« viele interessante Informationen über den Salzbergbau. *Bergwerkstr. 83, Mai–15. Okt. tgl. 9–17, 16. Okt.–April tgl. 11.30–15 Uhr, Erwachsene 12,90 Euro, Kinder 7,50 Euro*

Angesagt!

Was Sie wissen sollten über Trends, die Szene und Kuriositäten in Oberbayern

Junge, freche Volksmusik
Sie touren durch ganz Europa, auch wenn sie nicht einmal in ganz Deutschland verstanden werden: *die Biermöslblosn*. Die drei Brüder der hochmusikalischen Familie Well haben sich der Erneuerung traditioneller Volksmusik verschrieben. Ihr besonderes Merkmal: bissige Texte und Musikkabarett, das thematisch vor nichts und niemandem Halt macht. Falls Sie Karten ergattern können, sollten Sie unbedingt hingehen! *Termine und CDs unter www.biermoeslblosn.com*

Sommerspaß für Hitzköpfe
»Ranggln«, die oberbayerisch-alpenländische Variation von Raufen und Ringen, finden Sie vor allem im ostoberbayerischen Raum zwischen Gmund am Tegernsee bis hinein ins Berchtesgadener Land. Das Besondere: Wie ehedem Schulbuben, tragen die Wettkämpfer ihre Wettbewerbe auf freier Wiesenfläche aus. Auch für die Besucher ist es eine Riesengaudi mit Biergartenstimmung. *Infos und Termine unter: www.trachtenverband-bayern.de*

Oberbayerisch »brunchen«
Auch wenn es so gar nicht einheimisch klingt, »brunchen« wird hier im Alpenvorland immer beliebter. Statt der starren 12-Uhr-Mittags-Schweinsbratenzeit genießen viele Oberbayern zunehmend vom Vormittag bis in den frühen Nachmittag hinein die warmen und kalten Buffets zahlreicher Gaststätten und Hotels mit regionalen Schmankerln und internationalen Köstlichkeiten aus Küche und Keller.

Thunderbirds
Geniale Beatgruppe aus Karlsfeld-Dachau bei München, Musik der 1950er, 60er und 70er, Kultband der ARD-Fernsehserie »Irgendwie und Sowieso«. *Bayerisches Woodstock- und Flower-Power-Feeling der späten 60er auf VHS und DVD. Konzertinfos: 08133/91 77 97, www.thunderbirds.de*

PRAKTISCHE HINWEISE

Von Anreise bis Wetter

Hier finden Sie kurz gefasst die wichtigsten Adressen und Informationen für Ihre Oberbayernreise

ANREISE

Im Westen der Flughafen im schwäbischen Augsburg, nur 60 km von München entfernt, zentral der Flughafen München im Erdinger Moos und im Osten der Salzburger Flughafen, idealer Landepunkt für Ferien im Chiemgau.

Bahngäste können ab Landesgrenze mit bayerischen Sondertickets fahren, die weit unter Tarif liegen. Besonders günstig ist das »Bayernticket«, ein billiges Pauschalangebot für die ganze Familie.

Die wichtigsten Autobahnen für PKW-Fahrer sind die A 9 Nürnberg–München, die A 8 Richtung Salzburg, die A 95 Richtung Garmisch und die A 96 aus Schwaben nach Oberbayern.

AUSKUNFT

Tourismusverband München-Oberbayern
Radolfzeller Str. 113, 81243 München, Postfach 60 03 20, 81203 München, Tel. 089/829 21 80, Prospekt-Tel. (Anrufbeantworter) 82 92 18 30, Fax 82 92 18 28, touristinfo@oberbayern-tourismus. de, www.oberbayern-tourismus.de

DEUTSCHER ALPENVEREIN

In Oberbayern ist der DAV stark vertreten. Ihm sind der Bau zahlreicher Schutzhütten (in den oberbayerischen Bergen allein 60) und die Anlage eines dichten Wegenetzes zu verdanken. Die *DAV-Zentrale in München (Von-Kahr-Str. 2–4, 80997 München)* hat zwei telefonische Auskunftsdienste eingerichtet: Unter *089/29 49 40* werden alpine Auskünfte aller Art, z. B. auch ein Lawinenlagebericht, erteilt; unter *089/29 50 70* wird der aktuelle Alpenwetterbericht durchgegeben.

FAHRRAD AM BAHNHOF

Leihfahrräder bietet die Deutsche Bahn AG unter anderem an folgenden Bahnhöfen an: In Bayrischzell, Dießen, Bad Endorf, Garmisch-Partenkirchen, Holzkirchen, Kochel, Lenggries, München, Murnau, Prien, Bad Reichenhall, Tegernsee. *Informationen unter der Hotline: Tel. 01805/99 66 33*

GRENZÜBERGÄNGE

Trotz der Lockerung der Grenzbestimmungen empfiehlt es sich, bei Grenzübertritten – auch Wanderungen – einen Personalausweis mitzuführen. Man vermeidet damit mögliche Ärger. Schleierfahnder sind nach der europäischen Osterweiterung sehr aktiv.

INTERNET

Die besten oberbayerischen Websites:
www.oberbayern-tourismus.de: Ferieninfos von A bis Z
www.bayern.by: Infos zu allen Urlaubsthemen
www.schloesser.bayern.de: alle Herrschaftshäuser und Prunkgärten
www.zugspitze.de: alles rund um Deutschlands höchsten Berg

INTERNETCAFÉS

– *Garmisch-Partenkirchen: »Monte Puccino«, Hindenburger Str. 30, www.gapinfo.de*
– *Landsberg: Indra Internetcafe, Graf-Zeppelin-Str. 20*
– *Schongau: Internet im Hof, Münzstr. 5*
– *Starnberg: Fischhaber, Emslanderstr. 2, www.fischhaber.de*
– *Rosenheim: Cyberb@r, Münchner Str. 12*
– *Rottach-Egern: Billardworld, Südliche Hauptstr. 4, www.billardworld.com*

JUGENDHERBERGEN

In den gut 20 oberbayerischen Jugendherbergen werden Erwachsene ab dem 27. Lebensjahr nur aufgenommen, wenn die Betten nicht durch jüngere Besucher belegt sind. Dies gilt nicht für Jugendleiter und Vereinsmitglieder. *Weitere Infos unter: Deutsches Jugendherbergswerk, Landesverband Bayern, Mauerkircherstr. 5, 81679 Mün-*

www.marcopolo.de

Im Internet auf Reisen gehen

Mit über 10 000 Tipps zu den beliebtesten Reisezielen ist MARCO POLO auch im Internet vertreten. Sie wollen nach Paris, auf die Kanaren oder ins australische Outback? Per Mausklick erfahren Sie unter www.marcopolo.de Wissenswertes über Ihr Reiseziel. Zusätzlich zu den Informationen aus den Reiseführern bieten wir Ihnen online:

- das *Reise Journal* mit aktuellen News, Artikeln, Reportagen
- den *Reise Service* mit Routenplaner, Währungsrechner und Compact Guides
- den *Reise Markt* mit Angeboten unserer Partner rund um das Thema Urlaub

Es lohnt sich vorbeizuschauen: Wöchentlich aktualisiert, gibt es immer wieder Neues zu entdecken. Bleiben Sie auf dem Laufenden mit unserem E-Mail-Newsletter, den Sie kostenlos abonnieren können!

PRAKTISCHE HINWEISE

chen, Tel. 089/922 09 80, www.jugendherberge.de

LITERATURHINWEISE

Wenn Sie Oberbayern kennen und lieben lernen wollen, unbedingt diese Lektüre lesen:

Oscar Maria Graf: Der harte Handel. Der gebürtige Starnberger versteht es wie kein anderer, seinen Landsleuten genau »aufs Maul zu schauen« und Menschen sowie Landschaft mit spitzer Feder detailgetreu nachzuzeichnen. Noch heute sind regionale Bezüge von damals wieder zu erkennen.

Thomas Manns Roman *Dr. Faustus* spielt teilweise in Polling bei Weilheim und gewährt Rückblick und Ausblick auf das Oberbayern von einst und jetzt.

Elisabeth Tworek: Spaziergänge durch das Alpenvorland der Literaten und Künstler. Die promovierte Literaturwissenschaftlerin gibt einen tiefen Einblick, wie u.a. Ödön von Horvath, Wassily Kandinsky und Gabriele Münter »das« und »die« Oberbayern schätzen und lieben lernten.

NOTRUF

Alpines Notsignal: In einer Minute sechs Zeichen, akustisch oder optisch, in möglichst regelmäßigen Abständen; eine Minute auf Antwort warten, dann wieder sechs Zeichen in der Minute. Die Antwort besteht aus drei in gleichen Abständen pro Minute gegebenen Zeichen.
Polizei und Krankenwagen: 110
Feuerwehr: 112
Rettungsleitstellen: 192 22
Bergwacht: 089/29 50 70
Frauennotruf: 089/763 7 37

Was kostet wie viel?

Kaffee	**3 Euro**	für ein Kännchen Kaffee
Bier	**2,50–3 Euro**	für einen halben Liter
Brotzeit	**5–7 Euro**	für eine Wurst- oder Käseplatte
Souvenir	**4 Euro**	für einen 1-Liter-Maßkrug
Miete	**8–16 Euro**	Fahrradmiete pro Tag
Taxi	**2–4 Euro**	pro Kilometer

Katastrophenschutz: 089/23 80 61
Umwelttelefon: 089/233 66 66

OBERBAYERN CARD

Die neue Chipkarte der Oberbayern Card *(Preis: 38–62 Euro)* bietet <mark>Verbilligungen für über 100 Attraktionen und Ausflugsziele.</mark> *(Insider Tipp)* Von A wie Ayinger Erlebnisbrauerei bis Z wie Zugspitzbahn. Je nach Kartenkategorie lassen sich 30–40 Euro sparen. *Tourismusverband Oberbayern, www.oberbayern-card.de*

PREISE

Beste Vergleichsmöglichkeit in oberbayerischen Wirtschaften ist immer noch die Schweinsbratenwährung. Während eine alteingesessene Wirtschaft für Schweinsbraten mit Knödel und Krautsalat nicht mehr als

6 Euro verlangt, müssen Sie in modern-mondänen bayerischen Wirtshäusern für den Schweinsbraten gut 10 Euro hinlegen. Der höhere Preis steht nicht immer für bessere Qualität.

Preiswert sind immer noch die Zimmer in Privatpensionen. Seitdem immer mehr Wander- und Radtouristen in Oberbayern unterwegs sind, gibt es auch keine Probleme mehr, Bett und Frühstück für eine Nacht zu bekommen. Preise für Ferienwohnungen 45–80 Euro.

Lohnend ist es auf alle Fälle, im kleinen Krämerladen einzukaufen. Das ist zwar nicht so billig wie im Supermarkt, aber dafür bekommen Sie dort so manchen lokalen Geheimtipp als kostenlose Beigabe.

STURMWARNUNG

Achtung! Bitte nehmen Sie die Warnsignale absolut ernst. In den letzten Jahren wurden die optischen und akustischen Warnsysteme an vielen Seen verbessert und erweitert (Sirenen- und Leuchtsignale). Besonders gefährlich: überraschende Fallwinde am Alpenrand.

TAXI

Handeln Sie! Gerade wenn Sie weitere Strecken mit dem Taxi fahren wollen, handeln Sie einen Festpreis aus! Taxifahrer sind oft grandiose Reiseführer durchs Voralpenland.

TELEFON & HANDY

Auch in Oberbayern kann man öffentlich fast nur noch mit Karten telefonieren, Münzapparate sind sehr selten geworden. Für das Telefonieren mit dem Handy gilt: Je näher Sie an die Alpen kommen, umso größer werden in den Talregionen die Funklöcher. In Raum Tegernsee-Schliersee-Bayrischzell und westlich des Staffelsees bei Uffing bis hinein in das Ammertal wird Ihr Handy immer wieder aussetzen.

Wetter in Bad Tölz

	Jan.	Feb.	März	April	Mai	Juni	Juli	Aug.	Sept.	Okt.	Nov.	Dez.
Tagestemperaturen in °C	2	4	9	13	17	21	23	22	19	13	7	3
Nachttemperaturen in °C	−6	−5	−2	3	6	10	12	12	9	4	0	−4
Sonnenschein Std./Tag	3	3	5	6	6	6	7	7	5	5	3	2
Niederschlag Tage/Monat	16	15	15	16	17	19	18	18	14	13	14	15

REISEATLAS

Reiseatlas Oberbayern

Die Seiteneinteilung für den Reiseatlas finden Sie auf dem hinteren Umschlag dieses Reiseführers

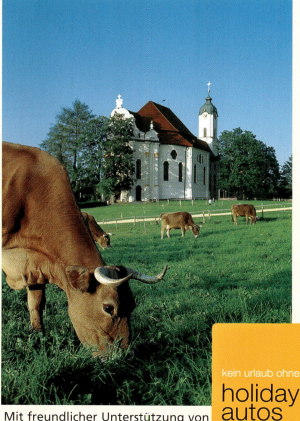

Mit freundlicher Unterstützung von

kein urlaub ohne
holiday autos

www.holidayautos.com

anzeige

über den daten-highway zu mehr spaß auf allen anderen straßen:

kein urlaub ohne
holiday autos

FREUEN SIE SICH ÜBER 15 EURO MIETWAGEN-RABATT!

15 euro rabatt sichern! sms mit HOLIDAY an 83111* (49 cent/sms)

so einfach geht´s:
senden sie das wort **HOLIDAY** per sms an die nummer **83111*** (49 cent/sm und wir schicken ihnen ihren rabatt-code per sms zurück. mit diesem coc erhalten sie 15 euro preisnachlass auf ihre nächste mietwagenbuchung! einzt lösen ganz einfach in reisebüros, unter der hotline 0180 5 17 91 91 (12 cent/mi oder unter www.holidayautos.de (mindestalter des mietwagenbuchers: in d regel 21 jahre). der code ist gültig für buchung und mietbeginn bis 31.12.201 für eine mindestmietdauer von 5 tagen. der rabattcode kann pro mobilfun nummer nur einmal angefordert werden. dieses angebot ist gültig für alle zie gebiete aus dem programm von holiday autos nach verfügbarkeit.

*vodafone-kunden: 12 cent vodafone-leistung + 37 cent zusatzentgelt des anbieters.
teilnahme nur mit deutscher sim-karte möglich.

KARTENLEGENDE REISEATLAS

Autobahn mit Anschlussstelle und Anschlussnummer	Motorway with junction and junction number
Autobahn in Bau mit voraussichtlichem Fertigstellungsdatum	Motorway under construction with expected date of opening
Rasthaus mit Übernachtung · Raststätte	Hotel, motel · Restaurant
Kiosk · Tankstelle	Snackbar · Filling-station
Autohof · Parkplatz mit WC	Truckstop · Parking place with WC
Autobahn-Gebührenstelle	Toll station
Autobahnähnliche Schnellstraße	Dual carriageway with motorway characteristics
Fernverkehrsstraße	Trunk road
Verbindungsstraße	Main road
Nebenstraßen	Secondary roads
Fahrweg · Fußweg	Carriageway · Footpath
Gebührenpflichtige Straße	Toll road
Straße für Kraftfahrzeuge gesperrt	Road closed for motor vehicles
Straße für Wohnanhänger gesperrt	Road closed for caravans
Straße für Wohnanhänger nicht empfehlenswert	Road not recommended for caravans
Autofähre · Autozug-Terminal	Car ferry · Autorail station
Hauptbahn · Bahnhof · Tunnel	Main line railway · Station · Tunnel
Besonders sehenswertes kulturelles Objekt	Cultural site of particular interest
Besonders sehenswertes landschaftliches Objekt	Landscape of particular interest
Ausflüge & Touren	Excursions & Tours
Landschaftlich schöne Strecke	Route with beautiful scenery
Touristenstraße	Tourist route
Museumseisenbahn	Tourist train
Kirche, Kapelle · Kirchenruine	Church, chapel · Church ruin
Kloster · Klosterruine	Monastery · Monastery ruin
Schloss, Burg · Burgruine	Palace, castle · Castle ruin
Turm · Funk-, Fernsehturm	Tower · Radio or TV tower
Leuchtturm · Windmühle	Lighthouse · Windmill
Denkmal · Soldatenfriedhof	Monument · Military cemetery
Ruine, frühgeschichtliche Stätte · Höhle	Archaeological excavation, ruins · Cave
Hotel, Gasthaus, Berghütte · Heilbad	Hotel, inn, refuge · Spa
Campingplatz · Jugendherberge	Camping site · Youth hostel
Schwimmbad, Erlebnisbad, Strandbad · Golfplatz	Swimming pool, leisure pool, beach · Golf-course
Botanischer Garten, sehenswerter Park · Zoologischer Garten	Botanical gardens, interesting park · Zoological garden
Bedeutendes Bauwerk · Bedeutendes Areal	Important building · Important area
Verkehrsflughafen · Regionalflughafen	Airport · Regional airport
Flugplatz · Segelflugplatz	Airfield · Gliding site
Boots- und Jachthafen	Marina

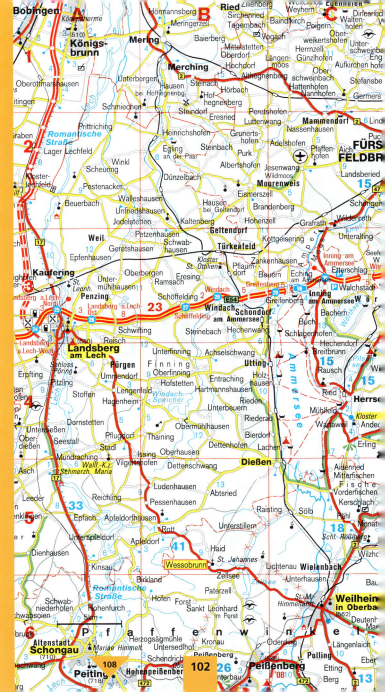

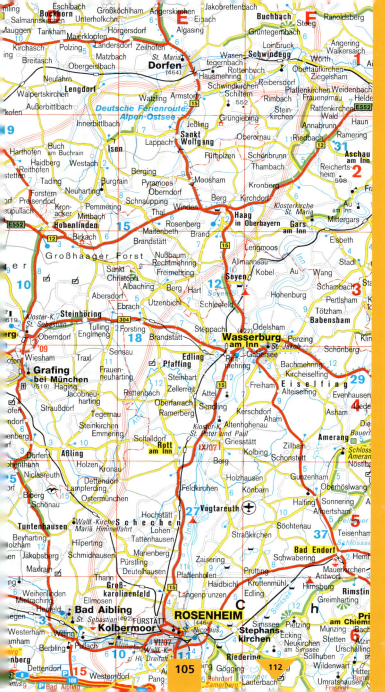

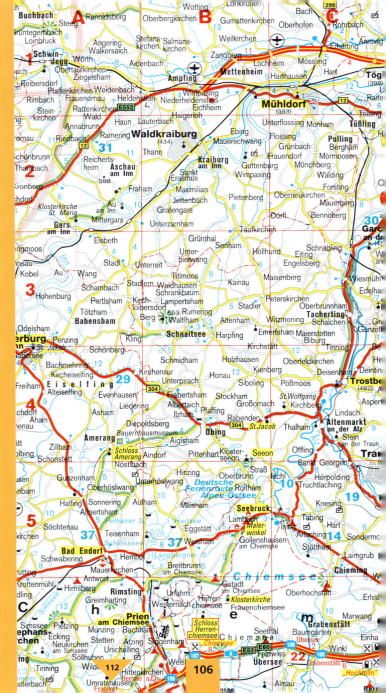

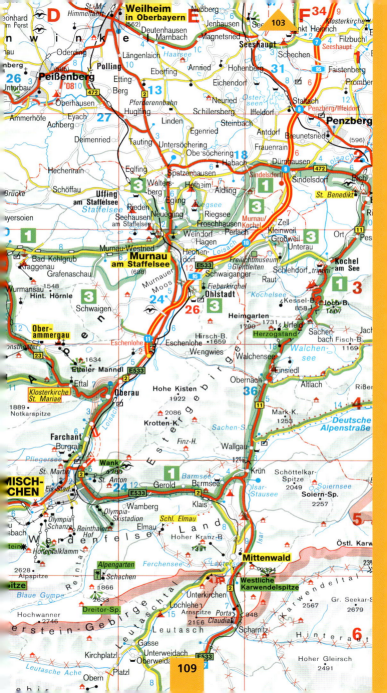

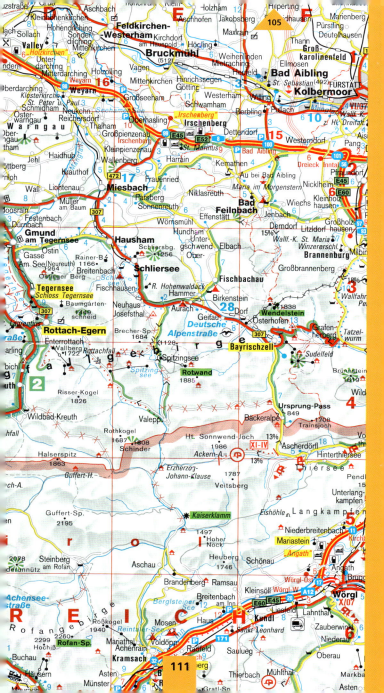

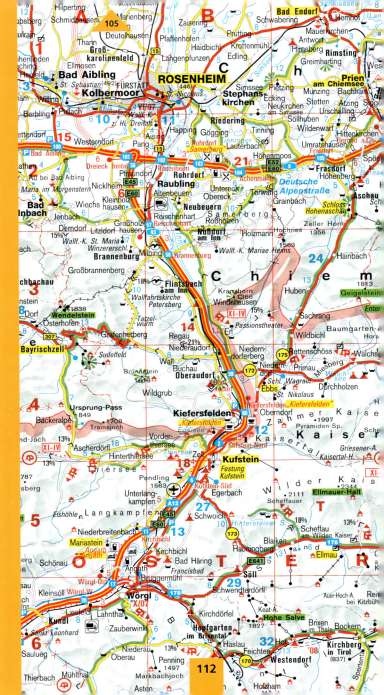

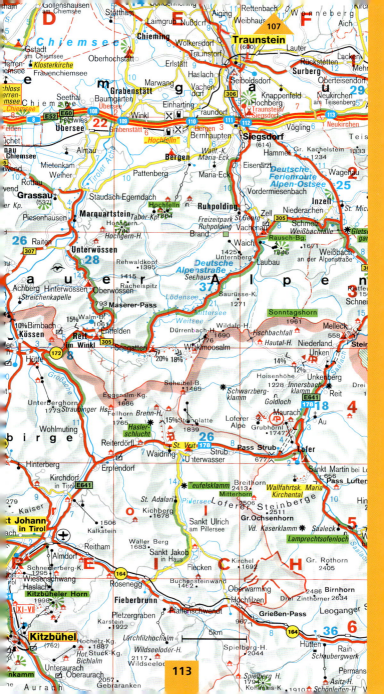

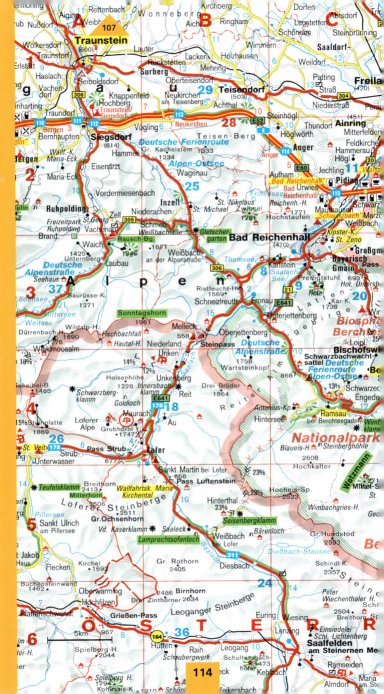

anzeige

mehr sehen schon vor dem urlaub:
hier zeigen wir ihnen alle vorteile von
holiday autos.

als weltgrößter vermittler von ferienmietwagen
bieten wir ihnen mietwagen in über 80 urlaubsländern
zu äußerst attraktiven alles inklusive preisen.
und wenn wir von „alles inklusive" reden, dann meinen
wir das auch so. denn im preis von holiday autos
ist wirklich alles inbegriffen:

- vollkaskoversicherung ohne selbstbeteiligung
  im schadensfall
- kfz-diebstahlversicherung ohne selbstbeteiligung
- erhöhte haftpflichtdeckungssumme
- unbegrenzte kilometer
- alle lokalen steuern
- flughafenbereitstellung
- flughafengebühren

buchen sie gleich in ihrem reisebüro,
unter www.holidayautos.de oder
telefonisch unter 0180 5 17 91 91 (12 ct/min)

kein urlaub ohne

holiday
autos

MARCO POLO

www.marcopolo.de

Für Ihre nächste Reise gibt es folgende Titel:

Deutschland Allgäu · Amrum/Föhr · Bayerischer Wald · Berlin · Bodensee · Chiemgau/Berchtesgadener Land · Dresden/Sächsische Schweiz · Düsseldorf · Eifel · Erzgebirge/Vogtland · Franken Frankfurt · Hamburg · Harz · Heidelberg · Köln · Lausitz/Spreewald/Zittauer Gebirge · Leipzig · Lüneburger Heide/Wendland · Mark Brandenburg · Mecklenburgische Seenplatte · Mosel · München · Nordseeküste Schleswig-Holstein · Oberbayern · Ostfriesische Inseln · Ostfriesland Nordseeküste Niedersachsen · Ostseeküste Mecklenburg-Vorpommern · Ostseeküste Schleswig-Holstein · Pfalz · Potsdam Rheingau/Wiesbaden · Rügen/Hiddensee/Stralsund · Ruhrgebiet · Schwäbische Alb · Schwarzwald Stuttgart · Sylt · Thüringen · Usedom · Weimar **Österreich/Schweiz** Berner Oberland/Bern Kärnten · Österreich · Salzburger Land · Schweiz · Tessin · Tirol · Wien · Zürich **Frankreich** Baskenland/Bilbao · Bretagne · Burgund · Côte d'Azur · Disneyland Paris · Elsass · Frankreich · Französische Atlantikküste · Korsika · Languedoc-Roussillon · Loire-Tal · Normandie · Paris · Provence **Italien/Malta** Apulien · Capri · Dolomiten · Elba/Toskanischer Archipel · Emilia-Romagna · Florenz Gardasee · Golf von Neapel · Ischia · Italien · Italienische Adria · Italien Nord · Italien Süd · Kalabrien Ligurien · Mailand/Lombardei · Malta · Oberitalienische Seen · Piemont/Turin · Rom · Sardinien · Sizilien/Liparische Inseln · Südtirol · Toskana · Umbrien · Venedig · Venetien/Friaul **Spanien/Portugal** Algarve · Andalusien · Barcelona · Costa Blanca · Costa Brava · Costa del Sol/Granada Fuerteventura · Gran Canaria · Ibiza/Formentera · Jakobsweg/Spanien · La Gomera/El Hierro · Lanzarote · La Palma · Lissabon · Madeira · Madrid · Mallorca · Menorca · Portugal · Spanien · Teneriffa **Nordeuropa** Bornholm · Dänemark · Finnland · Island · Kopenhagen · Norwegen · Schweden Südschweden/Stockholm **Westeuropa/Benelux** Amsterdam · Brüssel · Dublin · England Flandern · Irland · Kanalinseln · London · Luxemburg · Niederlande · Niederländische Küste · Schottland · Südengland **Osteuropa** Baltikum · Budapest · Estland · Kaliningrader Gebiet · Lettland Litauen/Kurische Nehrung · Masurische Seen · Moskau · Plattensee · Polen · Polnische Ostseeküste/Danzig · Prag · Riesengebirge · Rumänien · Russland · Slowakei · St. Petersburg · Tschechien Ungarn · Warschau **Südosteuropa** Bulgarien · Bulgarische Schwarzmeerküste · Kroatische Küste/Dalmatien · Kroatische Küste/Istrien/Kvarner · Montenegro · Slowenien **Griechenland/Türkei** Athen · Chalkidiki · Griechenland Festland · Griechische Inseln/Ägäis · Istanbul Korfu · Kos · Kreta · Peloponnes · Rhodos · Samos · Santorin · Türkei · Türkische Südküste · Türkische Westküste · Zakinthos · Zypern **Nordamerika** Alaska · Chicago und die Großen Seen Florida · Hawaii · Kalifornien · Kanada · Kanada Ost · Kanada West · Las Vegas · Los Angeles · New York San Francisco · USA · USA Neuengland/Long Island · USA Ost · USA Südstaaten · USA Südwest · USA West · Washington D.C. **Mittel- und Südamerika** Argentinien · Brasilien · Chile · Costa Rica · Dominikanische Republik · Jamaika · Karibik/Große Antillen · Karibik/Kleine Antillen · Kuba Mexiko · Peru/Bolivien · Venezuela · Yucatán **Afrika/Vorderer Orient** Ägypten · Djerba/Südtunesien · Dubai/Vereinigte Arabische Emirate · Israel · Jerusalem · Jordanien · Kapstadt/Wine Lands/Garden-Route · Kenia · Marokko · Namibia · Qatar/Bahrain/Kuwait · Rotes Meer/Sinai · Südafrika · Tunesien **Asien** Bali/Lombok · Bangkok · China · Hongkong/Macau · Indien · Japan · Ko Samui/Ko Phangan · Malaysia · Nepal · Peking · Philippinen · Phuket · Rajasthan · Shanghai · Singapur Sri Lanka · Thailand · Tokio · Vietnam **Indischer Ozean/Pazifik** Australien · Malediven Mauritius · Neuseeland · Seychellen · Südsee

Cityguides

Berlin für Berliner · Frankfurt für Frankfurter · Hamburg für Hamburger · Köln für Kölner · München für Münchner · Stuttgart für Stuttgarter

In diesem Register sind alle in diesem Führer erwähnten Orte und Ausflugsziele verzeichnet. Halbfette Seitenzahlen verweisen auf den Haupteintrag, kursive auf ein Foto.

Altenstadt 51
Altötting 17, **70**
Ambach 34
Ammergau 9, 41
Ammerland 34
Ammersee 10, **27f.**, 30, 37, 87, 91, 98
Andechs 10, 19, 21, 23, 25, *27*, **29f.**
Aschau 73
Aying 57f.
Bavaria-Filmstadt 91
Bayrischzell 13, 14, 17, 21, **66**, 95, 98
Benediktbeuern 10, 13, *54*, **59f.**, 82f., 85
Benediktenwand 55, 82
Berchtesgaden 9, 13, 16, 17, 23, **78**, 89, 93
Berchtesgadener Land 8, 21, **77ff.**, 94
Berchtesgaden, Nationalpark 79
Berg 34
Bernried 11, **36**
Beuerberg **38**, 87
Birkenstein 67
Blomberg 57, **89**
Brannenburg-Degerndorf 66f.
Buchau 47
Buchheimmuseum der Phantasie 11, **36**
Burghausen 24, **69f.**
Chiemgau 17, 21, **69ff.**, *86*, 93
Chiemsee 9, *11*, 13, 16, 25, 27, **70ff.**, 87, 89, 93, 98
Dachau 16
Degerndorf 66f.
Dießen 16, 25, **30ff.**, 95
Echelsbacher Brücke 51f.
Eibsee 25, 44
Endorf, Bad 95
Ettal 10, 23, 48, **50**, 83, 89
Fall 14
Feilnbach, Bad 25
Feldafing 36f.
Fischbachau 67
Fischen 28
Frauenchiemsee 13, *68*, **71f.**
Freising 17, 41
Froschhausen 85
Füssen 15, 87
Garmisch-Partenkirchen 7, 13, 16, 25, 37, **41ff.**, 81, 83, 87, 89, 95, 96
Geltendorf 25

Glentleiten, Freilichtmuseum 25, *41*, **47f.**, 85
Gmund **66.**, 83, 92, 94
Grafenaschau 85
Grainau 25, *40*
Großweil 85
Gstadt 72
Hechenberg 58
Heimgarten 60
Herrenchiemsee 10, 15, 71, **72**
Herrsching **27**, 28, 92
Herzogstand 60
Hochkalter 78, 79
Hohenaschen 73
Hohenpeißenberg 52
Hoher Göll 78
Höllentalklamm 42, **44**
Holzkirchen 95
Ilkahöhe 37
Inzell 13
Isartal 14, **38f.**, 88
Jachenau **58**, 82
Jenner 78f.
Jochberg 60
Kaltenberg *24*
Kampenwand 73
Karwendelgebirge 14, 21, **45f.**, 56, 81
Kehlsteinhaus 79
Kellerberg 75
Kiefersfelden 25, **67**
Kochel am See 11, 13, **58ff.**, 82, 85, 87, 89, 95
Kochelsee 7, **60**, 82, 92
Königssee 13, 21, *76*, 77, **79**
Kohlgrub, Bad 25, **89**
Kramer 42
Krautinsel 70
Kreuth, Wildbad 25, **84**
Kreuzeck 44
Laber 49
Landsberg am Lech **32f.**, 96
Lenggries 82, 84, 88, 92, 95
Leutstetten 33
Lindau 13
Linderhof *9*, 10, 15, 48, **50**, 83
Maisinger Schlucht 34
Mangfalltal 92f.
Maria Gern 79
Maria Kunterweg 79
Marktl am Inn 8, 17
Miesbach 16, **63**
Mittenwald 9, 14, **45f.**, 81, 87, 120
Mühlhabing 85

München 8, 9, 13, 14, 15, 32, 34, 35, 38, 55, 58, 61, 62, 67, 92, 94, 95
Murnau 11, 13, 25, 37, **46f.**, 83, 84, 85, 95
Murnauer Moos 46, 47, 48, 83, 85
Neureut 66
Neuschwanstein 10, 15, **50f.**
Nymphenburg 10, 16
Oberammergau 13, 14, 16, 19, 46, **48f.**, 51, 83, 96, 120
Oberaudorf 67
Obersalzberg **78**, 79
Ohlstadt 85, 92
Osterseen 37f.
Partnachklamm 42, *80*, 81
Paterzell 52
Peißenberg 51, 52, 62, 83
Pfaffenwinkel 41, 48, **51**, 87
Pöcking 34f.
Point 65
Polling 10, **52**, 97
Possenhofen 34f.
Prien 16, **73**, 71, 95
Rabenden 72
Ramsach 48
Ramsau *6*, **79**
Rauschberg 74
Reichenhall, Bad **77f.**, 88, 95
Reit im Winkl 13, 89
Reutberg 58
Ried 13, 59, 85
Riederau 28
Riegsee 85
Rosenheim 10, *18*, 19, 25, 23, **74**, 96
Roseninsel 37
Rottach-Egern 13, **60ff.**, 83
Rott am Inn 16, **75**
Rottenbuch *16*, 51, 52
Ruhpolding 73, 89
St. Bartholomä *76*, 79
Sassau 60
Schachen, Jagdschloss 46
Schäftlarn 13, **39**
Schliersee 21, **62f.**, 98
Schliersee (Ort) 62f.
Schöffau 25
Schondorf 28
Schöngeising 28
Schongau *7*, 10, 83, 87, **92**, 96
Schwaiganger 85, **92**

REGISTER

Seebruck 16, **73**
Seefeld 28
Seehausen-Rieden 85
Seeshaupt 37f.
Siegsdorf 93
Sindelsdorf 13, 85
Soierngebirge 81
Spitzingsee 64
Staffelsee 10, 13, 25, 47, 85, 87, 98
Starnberg 7, **33**, 87, 96
Starnberger See 8, 10, 11, 26, 27, **33ff.**, 60, 87, 88, 89, 91, 98
Steinernes Meer 79
Steingaden 11, **52**, 53, 87
Sudelfeld 67
Sylvenstein-Stausee 14, **58**, 84, 89
Tegernsee 9, 19, 25, 60, **64f.**, 89, 92, 94, 98
Tegernsee (Ort) 7, 10, 13, 16, 17, 55, **64f.**, 83, 95
Tittmoning 70
Tölz, Bad 9, 14, 17, 23, 25, **55ff.**, 82, 83, 84, 89, 98
Traunstein 17
Tutzing 26, **35ff.**
Uffing 25, 98
Unterammergau 89
Untersberg 78
Urfeld 60, 82
Urschalling 74
Utting 28
Vilgertshofen 33
Vorderriß 16
Waakirchen 83
Walchensee 10, 14, 21, **60**, 82, 89
Walchensee-Kraftwerk 14 **60**, 82
Walchensee (Ort) 60
Wallberg 61, **62**, 89
Wallgau 14, 82
Wank 42, 44, 81, 89
Wartweil 27, **91**
Wasserburg am Inn 10, **75**
Watzmann 9, 16, **17**, 76, 78, 79, 87
Weilheim 10, **52f.**, 97
Wendelstein 66f.
Werdenfelser Land 17, 41
Weßling 28
Wessobrunn 10, 13, **53**
Wettersteingebirge 41, 42, 45, 81, 83, 85
Wieskirche 10, 11, 16, **53**, 75
Wiessee, Bad 65f.
Wolfratshausen 14, **38**
Wörthsee 29
Zugspitze 16, 40, 41, 42, **44f.**, 85, 87, 98

Schreiben Sie uns!

Liebe Leserin, lieber Leser,

wir setzen alles daran, Ihnen möglichst aktuelle Informationen mit auf die Reise zu geben. Dennoch schleichen sich manchmal Fehler ein – trotz gründlicher Recherche unserer Autoren/innen. Sie haben sicherlich Verständnis, dass der Verlag dafür keine Haftung übernehmen kann. Wir freuen uns aber, wenn Sie uns schreiben.

Senden Sie Ihre Post an die MARCO POLO Redaktion,
MAIRDUMONT, Postfach 31 51, 73751 Ostfildern,
info@marcopolo.de

Impressum

Titelbild: Wieskirche, Kühe (T. Stankiewicz)
Fotos: G. Amberg (36); W. Dieterich (2 o., 7, 20, 69, 76, 77, 78, 93); HB Verlag: Krewitt (U. l., U r., 2 u., 4, 15, 35, 41, 42, 50, 53, 54, 63, 75, 82, 88, 90); G. Jung (18, 47, 49, 55, 59, 86); Mauritius: Dietrich (5 r.); H.P. Merten (6); W. Rußwurm (24); Schuster: Schröter (22); O. Stadler (1, 9, 11, 12, 16, 25, 26, 27, 40, 56, 72, 84, 94); T. Stankiewicz (U. M., 5 l., 30, 44, 99); H. Wagner (32, 61); T. Widmann (39, 68, 80)

8. Auflage 2007 © MAIRDUMONT, Ostfildern
Herausgeber: Ferdinand Ranft, Chefredakteurin: Marion Zorn
Redaktion: Marlis von Hessert-Fraatz, Bildredaktion: Gabriele Forst
Kartografie Reiseatlas: © MAIRDUMONT/Falk Verlag, Ostfildern
Vermarktung: MAIRDUMONT MEDIA, media@mairdumont.com
Gestaltung: red.sign, Stuttgart
Das Werk einschließlich aller seiner Teile ist urheberrechtlich geschützt. Jede urheberrechtsrelevante Verwertung ist ohne Zustimmung des Verlages unzulässig und strafbar. Das gilt insbesondere für Vervielfältigungen, Übersetzungen, Nachahmungen, Mikroverfilmungen und die Einspeicherung und Verarbeitung in elektronischen Systemen.
Printed in Germany. Gedruckt auf 100% chlorfrei gebleichtem Papier

Bloß nicht!

Auch in Oberbayern gibt es Dinge, die Sie wissen müssen oder besser nicht tun

Die Naturgewalten unterschätzen!

Auch wenn morgens noch die Sonne lacht, Gewitter und Sturm sind an manchen Tagen unberechenbar. Darum achten Sie bitte beim Wandern auf wetterfeste Kleidung und trittfestes Schuhwerk. Eine Bergwanderung in Sandalen kann bei Wolkenbruch lebensgefährlich werden. Für akustische und optische Warnsignale an den Seen gilt: So schnell wie möglich zurück zum Ufer, denn auf das Unwetterwarnsystem in Oberbayern ist Verlass!

Reden wollen wie die Einheimischen

Selbst die gebürtigen Tegernseer werden nicht alles verstehen, was die einheimischen Mittenwalder oder Oberammergauer miteinander reden. Die Dialekte sind stark regional gefärbt, schwäbische, tirolererische und salzburgische Einflüsse führen zu beinahe babylonischen Sprachverwirrungen: In nur wenige Kilometer voneinander entfernten Dörfern kann »Milch« zum Beispiel »Muich«, »Meich« oder »Milli« heißen. Sparen Sie sich doch einfach gezwungene Anpassungsversuche, und reden Sie, wie Ihnen der Schnabel gewachsen ist. Allerdings: Wenn Sie nicht am »Sonnabend« »Brötchen«, sondern am »Samstag« »Semmeln« kaufen, im Wirtshaus statt einem Liter Bier eine »Maß« bestellen, wird man Sie ob Ihres Sprachgefühls bewundern.

Den Oberbayern nach den Trachten trachten

»Wie ärgert man einen Berliner am Tegernsee? Indem man ihm den Trachtenanzug wegnimmt.« Diese bissige Spöttelei kommt nicht von ungefähr. Schmerzlich registrieren die Einheimischen, was sich Gäste alles im »Jodler«- oder »Landhausstil« anziehen. Und auch »echte« Tracht, vom Gamsbart bis zur Lederhose mit namenbestickten Hosenträgern, führt zur Erkenntnis: Nicht überall, wo ein Oberbayer draufsteht, steckt ein Oberbayer drin!

Den Gottesdienst stören

Touristen vergessen oft, dass Kirchen in erster Linie dem Gottesdienst dienen und dass sie die Andacht der Gläubigen stören, wenn sie sich in einer Kirche wie in einem Museum benehmen. Sie können Gotteshäuser unbehindert betreten, aber bitte nicht halb nackt, mit Coladose oder Eis.

Die Natur plündern

Ein strenges Naturschutzgesetz schützt nicht nur Edelweiß, Frauenschuh und Türkenbund. Jedes Blumenpflücken in größeren Mengen ist Raubbau an der Natur und wird verfolgt.